The Like Switch

如何讓人喜歡我

傑克・謝弗 Jack Schafer；馬文・卡林斯 Marvin Karlins／著
王彥筑／譯

遠流出版公司

目錄

推薦序1

真正的修行，是讓每個人都感到舒服

其實我從不覺得自己很會交朋友。

因為人際關係這件事，老實說，真的滿難搞的。

在我大學時，有過一群我相當看重的朋友。

你知道的，大學生嘛，一定要有那種能陪著你瘋狂，陪著你放蕩，陪著你哭，陪著你笑，陪著你在打麻將三缺一時說來就來，陪著你想看日出時說走就走，做報告在一起，打電動在一起，追求女生時還幫你點酒精膏畫愛心的那種好友。

當時我與這群好友就是這樣的相處情形。

但，人生中總是有個「但」字讓人膽顫心驚。

畢業之後，在某次我無意間看社群網站時，發現除了我之外，全部的好友都在同一個私密社團中，唯獨沒有邀請我。

或許你也能體會我當時的感受，你推心置腹地對待人，人家卻根本不將你放在心上，那種難過，難以言喻。

於是，就在當天晚上，我將這些曾經「陪著我」的好友們給全刪了，一個不留。

那晚我總共刪去了一百位好友。

事隔多年，有時又想起這件事，難免落寞，或許我們來到這世上是一個人來，走時也是一個人走，但在醫療技術進步的現今，人類平均壽命可是能活到八十歲，八十歲耶！要是這八十年裡你都當個獨行俠，沒有朋友，沒有愛人，親人還跟你很疏離，那這八十年裡，別說寂寞，光樂趣你就少了很多，相當多，比養樂多還多。

只是就像我開頭所說，搞好人際關係這件事，老實說真的蠻難的，有時並非是我們不想交朋友，並非是我們自以為是、趾高氣昂，等著別人來認識我們、伺候我們、關心我們。

而是因為我們真的不知道該怎麼交朋友罷了。

就像我那個晚上的舉動，你說，我真的是不想要這一百個朋友嗎？

其實我只是幼稚地想引起他們對我的關注罷了。

過了幾年，當時被我刪除的一位好友重新跟我連絡上，我們相約碰面，而席間，他對於這事一個字都沒問起，反倒引起了我的興趣。

「我以為你是要來問我幹嘛刪好友的。」聊了大概一小時後，我開口問。

「幹嘛問，反正我也沒什麼在用，而且你都刪了，有必要嗎？」他不假思索地說。

這又引起了我另一個興趣。

「那你怎麼會想跟我聯絡？」

這問題他倒是想了一下。

「可能是你讓人家感覺很舒服吧。」

在這我要先說，他是個男生，性向正常，而我也是。

曾經在網路上看過一句話是這麼說的：

「真正的修行，是讓每個靠近你的人都感到舒服。」

或許吧，不管我們到了什麼階段，活到幾歲，人際關係這件事，在我們進棺材前，永遠都是個難題。

然而，舒服這兩個字或許有些抽象，換個方式說，其實也就是讓每個接近你的人感到自在罷了。

就像是心理學家阿德勒說過的：「所有煩惱都是人際關係的煩惱」，因為我們只要生活在群體中一天，就一定會與人產生互動，如果人家跟你在一起時總是感到緊張、害怕、或是無所適從，那麼，別說是對方，我們自己就會先感到不適應了，不是嗎？

但自在，說來簡單，要做，卻也是不著邊際。
而如今，有這麼一本書，將這些不著邊際都化為實際，讓我們能有跡可尋，進而讓自己能成為一個受歡迎的人，你說，這不是比到龍山寺去求月老賜紅線，或是拜狐仙求眼緣來得務實多了嗎？
因為你看完之後，不會再求神問佛說，如何讓人喜歡我。
而是會讓人想迫不及待地直接喜歡你。

PTT 名人、新銳編劇　iphone8ss

推薦序2

你比想像受歡迎

「欸，阿宅。」對啦，就是在說你。

如果你是個不擅言辭的阿宅，那麼你一定要讀這本書，它會告訴你如何不說一句話就獲得陌生人的青睞；如果你已經是個萬人迷，那你更應該讀讀這本書，你會更了解自己為什麼受歡迎，並且幫助更多人。

一開始發現作者是前 FBI 探員的時候，我想該不會是本嚴肅到不行，看完就會變成名偵探柯南那樣洞察人心抓出嫌犯的書吧？翻了幾頁後我發現越看越有趣，作者用很多在 FBI 工作時的實際案例來舉一反三，把收編間諜的技巧，運用在日常生活中，變成我們收服人心的招數。

就好比，你知道怎麼在酒吧不說一句話就成功搭訕吧檯旁的正妹嗎？除了整型整得像金城武，或是不小心掉落一串 BMW 的鑰匙，你還有其他的選擇。關鍵可能就藏在你的眉毛、身體傾斜的幅度、或是微笑的樣子……等等的枝微末節裡。

又比如說大家常常遇到的問題：「想認識在圖書館遇到的帥哥怎麼辦」、「好想和那個正妹店員當朋友卻不知從何下手」除了每天一直買珍珠奶茶不加珍珠吸引對方注意，或偷偷傳小紙條表達愛意，你知道光是共同處在一個空間，也是增加彼此熟悉度、拉近彼此距離的方式嗎？前FBI探員用最真實的例子，以及公式化的理論依據，來告訴你如何按部就班地接進你的天菜。

除了搭訕，更教你如何維持一段良好的關係。

年紀漸長以後我們都會慢慢發現，真正留在身邊的知心朋友越來越少，留在電話簿裡看到名字想不起來長相的人卻越來越多。很多人原本一開始的交情不錯，可能是聚會時聊得很熱絡的新朋友，可能是業務上互有往來的夥伴，但不知道為什麼，一段時間過去後，熱度就下降了，甚至，在一次談話以後就開始漸漸和你疏遠。

通常我們會試圖去努力地回想原委。可能是講話的時候冒犯到他了？也有可能是我們提出的方案不能滿足他的需求？但不管怎樣，我們總在事發之後才恍然大悟，在無法挽回之後才感嘆：「如果當下就能注意到該有多好。」

作者提出「聽察說感」四字訣：聆聽、察看、說話回應、感同身受。看似簡單，其實大有學問的談話方式，讓我們在言談過程中，除了滔滔不絕地表達自己的意見之外，更能當一個稱職的聆聽者，藉由一些肢體語言來顯示自己的真誠，也能更精準地解讀我們的表達是不是真的有引起對方興趣，或其實已經踩到地雷。想想，如果我們都能夠及時反饋對方真實的感受，可以補救多少無法挽回的遺憾、少走多少冤枉路呢？

最後，很喜歡書中的一句話：「朋友就是那些問『你好嗎』，還會真的等著聽你說的少數人。」而聆聽，不只是聽對方說的話，更是聽那些沒有聲音的肢體語言。

PTT名人、暢銷人氣作家　小生

獻給我的妻子海倫，永遠有滿滿的愛、永遠如此堅強。最重要的是，結婚這三十幾年來，對我的奇怪脾氣永遠有無比多的耐心。

——傑克．謝弗

獻給我的妻子依蒂絲，還有女兒安柏，獻給你們、你們的成就，也獻給你們豐富了許多人生命的愛。

——馬文．卡林斯

前言

好人緣開關：如何人見人愛

聽到FBI時，你可能不會覺得這人會有多人見人愛。但我從事行為分析二十年的經驗讓我能快速了解陌生人，對於人性與人類的普遍行為也都有獨到見解。我的工作包括說服別人當間諜出賣自己的國家，還有揪出罪犯並讓他們招供等等。這些工作讓我發展出一套招攬間諜、化敵為友的驚人技巧，不用講一句話就能得到別人的信任。也就是說，我能靠這些技巧把任何一個美國的敵人變成朋友，讓他們願意替美國當間諜。

講白了，我的工作就是要讓別人喜歡我。我與「佛拉迪彌爾」（書中討論到的人物名字與特徵都被我更動過。為了更清楚說明我的工作內容，有時我也會把幾個案例合成一個故事。）之間的互動在在證明了這點。

佛拉迪彌爾曾非法進入美國當間諜。抓到他時，他手上持有極機密的國防文件。身為聯邦調查局特工，我被上頭指定要去探訪佛拉迪彌爾。我們才第一次見面，他就發誓不論什麼情況他都不跟我說話。我面對他頑強反抗的方法，就是坐在他的對面安靜看報紙。在精密估算的時間到了之後，我故意把報紙折好，一句話也沒說就走人。一天又一天，一週又一週，我就只坐在他對面看報紙，而他則保持沉默，被銬在旁邊的桌子上。

最後他終於問我為什麼每天都去見他。我把報紙放下，看著他說：「因為我想和你聊聊啊。」我馬上再把報紙立回來放在面前繼續看，忽略佛拉迪彌爾。過了一會兒，我起身，一句話也不說地離開。

隔天，佛拉迪彌爾又問我，為什麼我每天都來看報紙。我又告訴他，我來是因為我想和他談談。我坐下來，打開報紙，幾分鐘後，佛拉迪彌爾說：「我想談談。」我把報紙放下來說：「佛拉迪彌爾，你確定要跟我說話？我們第一次見面，你就說你一輩子都不會跟我說話。」佛拉迪彌爾回答說：「我想和你談談，但不談有關當間諜的事。」我同意了，但補充了一句話：「你想談間諜的事的時候，會告訴我吧？」佛拉迪彌爾點頭了。

接下來的一個月，佛拉迪彌爾和我天南地北地聊，就是不聊他的間諜行動。後來，有一天下午，佛拉迪彌爾說：「我已經準備好談我做了什麼事了。」那時我們才詳細談了他的間諜行動。佛拉迪彌爾自由且誠實地說出一切，不是因為被迫，而是因為他喜歡我，把我當作他的朋友。

我用在佛拉迪彌爾身上的審問技巧乍看似乎毫無意義，但我所做的一切都是經過精心策畫，引導出他最後的坦白與合作。在本書中，我會告訴你我是如何贏得佛拉迪彌爾的信賴。用同樣的方法，你也可以讓任何人暫時，甚至一輩子都喜歡你。事實證明，這套社交技巧雖然是我為了與間諜打好關係研究出來的，但對於在不同場合建立成功的友誼也一樣有效。

起初，我並沒有看出我的工作跟一般生活之間的關聯。其實我最一開始注意到這件事時，我的FBI職業生涯已經快結束了。當時我在上課，教年輕情報人員如何招募間諜。新課程的第一天，我早到教室半小時準備設備。出乎我的意料，有兩位同學已經到了。我沒教過他們，不知道他們是誰。他們安靜地坐在前排，雙手交叉放在桌上，臉上充滿期待。那堂課時間很早，而且大部分學生不會提早來上課，我有點摸不著頭緒。我問他們是誰，為什麼這麼早來。

「你記得提姆嗎？他以前上過你的課。」一個學生問我。

「嗯。」我回答。

「幾個星期前，我們兩個跟提姆去酒吧喝酒。他跟我們提到你的影響力和人脈課。」

「所以呢？」我還是不懂。

「提姆跟我們吹噓說，他在你的課上學會如何把妹。」

「那時我們當然不信。」第二個學生說。

「所以，我們就考驗他，」第一個學生繼續說。「我們隨便選一個在酒吧裡的妹，叫提姆不說一句話，就讓她自動過來我們這邊，跟我們喝一杯。」

「結果他怎樣？」我問。

「他竟然接受挑戰！」那學生大聲說，「我們都覺得他瘋了。但是，大概四十五分鐘之後，那個女人還真的走過來我們這邊，問他可不可以和我們一起喝一杯！我們親眼看到，但還是覺得太扯了！」

我做出一個疑問的表情，「你們知道他是怎麼辦到的嗎？」

「不知道啊！」其中一個學生大叫。然後，他們兩個人異口同聲說：「我們就是來學這個的啊！」

聽到這些話之後，我的第一反應是重申我個人的專業。我告訴他們，我們培訓的目的是訓練有用的情報人員，可不是教他們把妹。但真正讓我驚訝的是我第二個反應，我那時突然頓悟了。提姆耍的花招讓我突然意識到，用來招募間諜的技術也可以用在「情場」上，讓你抱得美人歸。而且，這些技術廣泛應用的話，甚至可以幫助你在各種情況下獲得任何人的好感。就是這個頓悟，讓我開始寫這本書。

從 FBI 退休後，我又繼續攻讀心理學博士，拿到了大學教職。在這個人生階段，我完成了這本《如何讓人喜歡我》，希望幫助你實現良好人際關係，不管是在家裡、在職場，或其他任何需要與人互動的地方。例如：

• 菜鳥業務可以用本書介紹的技巧，從頭開始建立自己客戶人脈。
• 經驗豐富的業務也可以受益，學習加強維持現有的人脈，同時開發更多的客戶。
• 不管是什麼職位、什麼公司，從金融業西裝筆挺的經理到餐廳服務生都可以運用這些戰術，與上司、同事、下屬或客戶更有效地互動。
• 家長可以用這套技巧來與子女維持良好關係、加強互動；如果親子關係不佳，也可以用這套技巧修復關係。
• 消費者使用這套技巧可以得到更好的服務，拿到更低的價格，並受到賣家更多關照。
• 最後，當然囉，要追人家，或認識新朋友，這套社交技巧都可以幫助你克服這件難事（現今重度依賴網路的社會，交朋友更是難上加難）。

《如何讓人喜歡我》可以幫你交新朋友，維持、加深與別人的關係，還有讓你與別人短暫接觸時，不再覺得那麼尷尬難捱，也可以幫助你拿到更多小費和獎金。

交朋友大挑戰

人類是社會性動物，我們天生就會想與他人接觸。這樣的需求來自於原始的人類社會。我們的祖先走出洞穴，進入外面的險惡世界求生，團結合作就變得非常重要，團結讓人類更有機會成為食物鏈頂端的掠食者。在這個前提之下，你會以為交朋友很容易，以為人應該天生就很會跟人家混熟。可惜事實沒那麼美好。許多調查與研究顯示，越來越多人感覺受到孤立，跟別人連一般友好關係都無法建立，更別說有意義、長期穩定的關係。社群網絡的出現讓這個問題越來越嚴重，我們只滑手機，不再面對面促膝長談。

與人來往，尤其是跟一個你不認識的人互動，不但很難，有時還會讓人覺得很害怕。無論你是男是女，你都會擔心：會不會很尷尬、會不會被拒絕、會不會傷害到別人、會不會留下不好的印象，甚至擔心會不會被當工具人來利用、會不會吃虧等等。還好，跟別人來往不一定會如此淒慘。如果與人交往總是讓你感到困擾，或你跟朋友之間的關係需要改善，不要氣餒，你並不孤單，一切都還有希望。這本書的目的就是要幫你減輕與他人互動時的困擾，不管在職場、在家庭，不管是與陌生人還是親愛的人。

這本書中的技巧奠基於最新的科學研究，能替你營造最佳機會，讓你不說一句話就讓別人喜歡你。雖然你最後還是要跟別人說話啦。話語能把人與人之間的好感變成友誼，甚至變成穩定的關係。這本書為你呈現肢體語言與口語表達的技巧，只要熟練這些技巧，就可以讓任何人立刻喜歡你。

人緣好並不是靠運氣，而是在與別人互動的過程中，妥善使用相關科學知識與社交技巧。想要人緣好只要以下三步驟：

1. 你要願意學習和掌握本書教你的技術。就像建築工人運用電動工具一樣，關鍵是你要讓這些工具幫你完成一切。我年輕時經常用手鋸鋸木頭，有天，我爸讓我用他新買的電動圓鋸。我用使用手鋸的力氣來操作電鋸，很用力地切。我爸看了，就拍拍我的肩膀，叫我放鬆，讓電鋸自己切木頭。本書中的技術也是一樣的道理。只要用了這套技巧，就可以放鬆做自己，讓這些撇步幫你吸引別人。成效之好，你一定會很吃驚。

2. 你必須在日常生活中確實運用這本書教你的知識。知道如何完美達成一件事很好，但要真的實際執行才有意義。記得，不採取行動的話，知道也是白知道。

3. 你需要不斷練習。交友技能跟別的技能一樣，你越練習，就越熟練；你越少用，就越快忘記。如果你願意採取這三個步驟，就會發現交朋友變得像呼吸一樣自然。

好人緣開關其實就在你面前。要讓人家喜歡你，你只要好好運用接下來的技巧，然後你就可以看見別人對你的好感度迅速攀升。

第一章　友誼公式

別人會忘記你說的話，也會忘了你做的事，
但他們永遠不會忘記你給他們什麼感覺。

——瑪雅．安傑盧（Maya Angelou）

海鷗行動

「海鷗」是他的代號。

他是一名高階外交官。如果他能為美國效力，成為美國的間諜，會為美國帶來很大的利益。問題是，要怎麼讓他願意跟敵國合作？答案就是，跟他做朋友，提供他一個無法拒絕的選項。這個策略的關鍵有三：要有耐心、要鉅細靡遺地蒐集海鷗生活的一切資訊、要讓他跟美國探員建立友好關係。

海鷗的背景調查顯示，祖國幾次升官都沒他的份，而且有人聽到他告訴妻子，他喜歡在美國生活，如果可以，願意考慮在美國退休。海鷗也擔心，他祖國的退休金不夠他退休後舒服過日子。有了這層了解，資訊安全分析師推測，如果我們提供金錢援助，海鷗有可能會犧牲對自己國家的忠誠。

有了這層資訊，現在我們面臨的挑戰就變成如何接近海鷗，開始跟他談條件，但又不能一下子把他嚇跑。FBI 探員查爾斯的工作，就是要慢慢地、有系統地接近海鷗，就像好酒越陳越香，要慢慢培養到時機成熟，才能對海鷗開口。如果行動得太倉促，海鷗很有可能會起疑心，直接避不見面。所以查爾斯奉命精心設計接近海鷗的方式，運用行為策略來建立跟海鷗的友誼。第一步就是要在查爾斯還沒開口之前，就讓海鷗喜歡他。第二步是運用語言技巧來讓好感繼續增加，變成友誼。

在與海鷗的關鍵首次會面前，我們已經準備了好幾個月。透過監視系統，我們知道海鷗每週都會離開他的大使館，走過兩個路口到轉角的雜貨店買東西。於是查爾斯奉命駐守在海鷗會經過的路途上，在幾個不同的地點，讓海鷗看見他。在這個階段，查爾斯還不能靠近海鷗，或對他造成任何壓迫，他只能在那裡出現，讓海鷗能看到他。

海鷗身為一個訓練有素的情資人員，很快就發現了這個 FBI 探員。探員也不隱藏自己的身分。但因為查爾斯沒有攔截他，也沒有打算跟他說話，所以海鷗沒有覺得受到威脅，也漸漸習慣在買東西的路上看見這個美國人。

兩個人一直處在彼此附近，幾週下來，海鷗終於跟探員四目相接。查爾斯點了點頭，表示知道海鷗的身分，但就此打住，沒有進一步顯示對海鷗有什麼意圖。

隨著時間過去，查爾斯探員在海鷗經過時，增加了一些肢體互動：增加視線接觸、輕抬眉毛、傾斜頭部、抬下巴。科學家發現，人腦會把這些肢體語言解釋為「友好訊息」。

兩個月過去，查爾斯終於有了下一步動作，他跟著海鷗走進那間雜貨店，但小心地跟海鷗保持距離。接下來的每一次，查爾斯都跟著海鷗一起走進雜貨店，仍然保持著兩人間的距離，但漸漸增加跟海鷗在走道上擦身而過的次數，也增加四目相接的時間。探員注意到，海鷗每次都會買一罐豆子。觀察到這個資訊後，查爾斯又再等了幾個禮拜，才一如往常地跟著海鷗走進雜貨店，而且這次，他要跟海鷗自我介紹。當海鷗伸手拿豆子罐頭時，查爾斯也伸手拿了旁邊的罐頭，然後對海鷗說：「嗨，我叫查爾斯，我是 FBI 探員。」海鷗笑著說：「我想也是。」這不帶威脅的第一次會面後，查爾斯跟海鷗建立了深厚的友誼。最後海鷗終於同意協助他的新朋友，定期向探員提供機密情報。

沒有受過訓練的人看我們花了這麼多個月來贏得海鷗的好感，可能會問為什麼要等這麼久才能跟海鷗第一次互動。這其實是經過精密計畫的。整個收編海鷗的過程是一場精心設計的心理戰，讓這兩個在正常狀況下絕不會成為朋友的男人能建立友誼。

身為 FBI 行為分析部門的專員，我跟同事奉命策畫海鷗的整個收編過程。我們的目標是讓海鷗跟查爾斯在一起時感到自在，這樣才能真正開始第一次跟海鷗互動。如果一切順利進行，查爾斯讓海鷗對他有好感的話，才會有第二次、第三次的後續互動。因為海鷗是一個訓練有素的情資人員，使得我們的任務更加艱難，他對於可疑的人隨時隨地都保持警戒心，一旦起了警戒心，他就會全力避免和對方接觸。

要讓查爾斯跟海鷗的第一次接觸成功，查爾斯在附近時，海鷗的心理上必須感到自在。為了達到這樣的目的，查爾斯要採取特定的步驟，最後也終於成功了。這些步驟就是你想跟任何人發展長期或短期的友好關係時必須遵守的。

以海鷗的案子作為例子，我們用「友誼公式」來仔細研究查爾斯採取的步驟。

友誼公式

友誼公式有四個要點：彼此距離、接觸頻率、相處時間、互動強度。這四個要素與友誼的關係可以用以下這個數學公式來解釋。

友誼＝彼此距離＋接觸頻率＋相處時間＋互動強度

彼此距離指的是你與另一個人之間的距離。在海鷗這個案例裡，查爾斯沒有直接上前跟海鷗自我介紹，因為如果他這樣做，海鷗只會快速逃離現場。面對這樣棘手敏感的狀況，需要更慎重的手法，要給海鷗時間來「習慣」查爾斯的存在，不要讓他視查爾斯為威脅。要達成這個目標，就需要用到友誼公式裡的彼此距離元素。彼此距離元素在各種人際關係中都很重要，有沒有跟目標在同樣的地理位置會影響你們之間是否可以發展人際關係。跟目標待在同樣的空間，會讓他比較有可能喜歡你，使你們互相吸引。分享同一空間的兩個人，就算沒有說話，還是有可能會對彼此產生好感。

然而這種近水樓台的手法要成功，前提是這個環境必須是一個沒有威脅的環境。如果對方因為身邊某個人太靠近而感受到威脅，他很有可能會起防衛心，開始迴避，想擺脫那個人。海鷗這個案例中，查爾斯接近他的目標，但還是保持一定的安全距離，以免目標感覺查爾斯是一個潛在的危險，引發「作戰或逃跑」的反應。

接觸頻率是你與對方在一段時間內接觸的次數，而相處時間是指你與對方在一段時間內接觸的時間長度。隨著時間過去，查爾斯開始使用友誼公式的第二和第三個元素：接觸頻率和相處時間。

他站在海鷗採購的必經路程，讓這個外國外交官看到他的次數（接觸頻率）增加。而幾個月後，查爾斯又加入相處時間這個元素，開始延長在海鷗身邊的時間：他跟著海鷗走進雜貨店，讓彼此接觸的時間更長。

互動強度指的是運用語言或非語言表達，滿足另一個人的心理或生理需求。互動強度是友誼公式裡的最後一個元素，在海鷗的案例裡，隨著時間過去，海鷗越來越意識到查爾斯的存在，也感受到這個 FBI 探員不知為何，好像不願上前跟他說話。這就運用了一種互動強度的形式：好奇心。當我們的環境中出現一個新的刺激（以海鷗的案例為例，就是有一個陌生人進入他的世界），大腦本能會需要決定這個新的刺激是否有威脅性或是否構成潛在威脅。如果這個新刺激被大腦判定為一種威脅，你就會想要消除威脅，導致「作戰或逃跑」的反應。但是，如果這個新的刺激沒有被大腦判為威脅，就會變成激起好奇心的對象。你會想要多瞭解這個新的刺激：他是誰？他為什麼在這裡？他是不是對我有利？

查爾斯種種行為都保持著安全距離，隨著時間流逝，查爾斯成為海鷗好奇心的對象。這種好奇心會使海鷗想知道查爾斯是誰，想知道他要幹嘛。

海鷗後來告訴查爾斯，他第一次見到查爾斯時就知道他是一個 FBI 探員。無論這是真還是假，海鷗一定收到了這個 FBI 探員傳達的肢體「友好訊息」。

一旦海鷗認定查爾斯是 FBI 探員，他的好奇心便增加了。海鷗當然知道自己是聯邦調查局的收編對象，但是什麼樣的目的？要用什麼樣的價格？海鷗早已不滿自己在工作上一直沒有升遷的狀況，也擔心即將到來的退休生活，因此他一定想過查爾斯接近他的各種理由。而這各種理由中，他一定也設想過，可能是要為聯邦調查局當間諜。

為美國當間諜這件事不是一下就可以決定的。有可能成為間諜的人需要時間來合理化自己的行為，也需要時間習慣開始為另一邊效忠。海鷗的收編計畫就包含足夠的時間長度，讓叛國種子發芽。海鷗自己的想像力提供了必要的養分，讓叛國念頭順利成熟、開花結果。這段潛伏期也讓海鷗有充足時間說服妻子與他一起投入美國的懷抱。隨著查爾斯越來越靠近海鷗，這名高階外交官不再視查爾斯為威脅，而是一個希望：一個在未來能擁有更好生活的希望。

海鷗一旦打定主意要協助 FBI，他就不得不等待查爾斯來接近他。海鷗後來告訴查爾斯，那段等待很痛苦，他的好奇心已經要破表了：「那個探員為什麼還沒來接近我？」其實，在查爾斯終於在雜貨店向海鷗自我介紹之後，海鷗說的第一句話是「你為什麼拖這麼久才來跟我說話？」

接觸頻率與相處時間

相處時間的特點在於，你跟一個人花越多時間相處，他們對你的想法跟行動就越有影響力。花越多時間跟學生相處的導師，對學生越能產生積極的影響。有不好思想的人，可能會對身邊的人產生負面影響。要談相處時間的重要性，最好的例子就是家長與子女之間的相處。家長花越多時間在孩子身上，越有可能影響他們。如果與家長的相處時間不足，孩子往往花更多的時間跟朋友相處，而在極不理想的狀況下，孩子所謂的「朋友」很有可能是黑道混混。這些人將會對孩子有更大的影響，因為孩子花比較多時間跟他們在一起。

相處時間與頻率正好成反比關係。如果你很常見到一個朋友，那你們相處的持續時間會比較短。相反來說，如果你不常見到朋友，通常你們單次的相處時間會顯著增加。舉例來說，如果你每天都見到你朋友，你們彼此的相處時間可以很短，因為你們能隨時更新彼此近況。但是，如果你每年只看到你朋友兩次，你們相處的持續時間會變長。假想現在你跟一個很久沒見的朋友在餐廳吃晚餐，你們可能會花好幾個小時才能聊完彼此的近況。相反來說，如果你很常見到對方，你們晚餐的時間就不會那麼長。然而，戀人間的見面頻率和相處時間都非常高，尤其是剛開始交往的熱戀情侶，會想盡可能多花時間與對方相處，戀愛關係的互動強度也會高度提升。

人際關係自我檢測

回想一下你目前戀情或舊戀情的開端，你現在應該可以看出戀情發展的關鍵其實符合友誼公式的元素。友誼公式也可用來檢視你與伴侶間的關係，找出需要改進的部分。例如，已經結婚好幾年的夫婦，雖然有感覺彼此的關係漸漸走下坡，但卻不知道如何改善。有這樣的狀況，就可以運用友誼公式來自我評估，觀察每個要素間的相互作用。第一個要素是彼此距離。兩人有沒有使用同一個空間？或是兩人都各自追求自己的目標，很少陪伴在彼此身邊？第二個要素是接觸頻率。兩人是否常常花時間在一起？第三個要素是相處時間。當兩人見面時，花多少時間在一起？第四個要素是互動強度，也就是讓兩人如膠似漆的要素。一對夫妻可能常分享彼此空間，接觸頻率很高，相處時間也很長，但他們的關係缺乏互動強度。這種組合的例子，就是那種花了很多時間在家裡一起看電視的夫妻，而且一起看電視時，彼此不會有任何情感交流。如果能增加彼此關係的互動強度，這種狀況就可以得到改善。可以安排幾個「約會」，重燃第一次見面時對彼此的愛火。也可以每天晚上關掉電視幾小時，彼此聊聊，從而加強兩人之間的關係。

友誼公式四要素的排列組合有許多種，取決於伴侶之間如何互動。如果一段關係中的一個人常常因工作需求需要在國外出差，彼此距離遙遠，也會導致接觸頻率降低、相處時間減少和互動強度變弱等等的不利影響。然而，現今科技的進步可以克服距離遙遠的問題，接觸頻率、相處時間和互動強度可以透過電郵、聊天室、簡訊、Skype和社群網站來維持。

一旦了解所有人際關係的基本要素，你就能夠自我評估你現有的關係，並透過控制這四個要素，與別人培養發展新的關係。先檢視你目前的人際關係，看看這四個基本要素如何產生影響。如果你想跟別人更親密，你就要想辦法調整友誼公式以達到想要的結果。

你也可以藉由緩慢減少每個友誼公式的要素，從不必要的人際關係中抽身。這樣可以漸漸地疏遠對方，又不會傷害他們的感情，而且不會有感情決裂的裂痕。通常你開始這麼做時，對方自然會覺得這樣的關係不再有意義，並開始另尋更有意義的人際互動。

不引起注意就收編敵方

假設你是一個科學家，為美國國防部承包科學工作，因此知道相關的國防機密。有一天，中國大使館的官員突然打了一通電話給你，邀請你去中國演講，演講主題是你做的一些非機密研究，中國政府會支付這趟旅行所有的費用。你把這件事呈報給國安局，國安局的人告訴你，只要不討論國防機密，你就可以答應去中國演講。你打電話跟大使館回覆你的意願，中國官員邀請你在演講前一週來，這樣你就可以順便觀光。你也同意了。你覺得很興奮，這可是個千載難逢的機會。

中國政府派了一個代表在機場迎接你，他會當你整趟旅程的翻譯與導遊。接下來的時間，這個口譯人員每天一早都到你住的飯店跟你碰面吃早餐，花一整天的時間陪你觀光，吃飯時他幫你買單，晚上還會安排一些社交活動。這個隨身口譯人很好，也會聊他的家庭跟平時的休閒活動。你也跟他分享一些家人的事，例如你太太和子女的名字、他們的生日、你跟太太的結婚紀念日、還有你跟家人會慶祝的節日等等。隨著日子流逝，你發現你跟你的隨身口譯雖然文化如此不同，卻有很多共通點。

演講的日子到了。演講廳裡大爆滿，你的演講大受歡迎。演講結束後，有一個聽眾上前來告訴你他對你的研究很有興趣，他覺得你的研究非常有開創性、很吸引人，接著提了一個有關他自身研究的問題。要回答他的問題，你必須告訴他一些比較敏感但還不到機密的資訊。雖然話題有一點點敏感，你還是很開心地告訴他這些資訊，還跟他解釋了老半天。

你在等待登機要回美國時，你的隨身口譯跟你說你的演講非常成功，中國政府想要邀請你明年再度到中國演講。而且因為這次的小講堂爆滿，政府決定把明年的講座安排到大演講廳。（中國的隨身口譯提供了一個機會，讓科學家肯定自己，這是最有力的一種阿諛奉承。我們後面會討論這種不知不覺誇獎別人的技術。）順道一提，你的妻子也有受邀，可以跟你一起來中國，所有的費用當然由中國政府買單。

我身為FBI反情資外漏的專員，工作之一就是對去海外的科學家進行訪談調查，確定是否有外國情報探員接近他們。我訪談過許多科學家，他們的故事都跟上述情況類似。所有科學家都表示，中國招待十分周到，也不曾試探任何機密資料。沒耍小動作，就這樣，結案。

有一件事讓我覺得很奇怪，就是科學家們總是說，他們跟口譯人員有很多共同之處。雙方的文化如此不同，卻總是有這麼多共通點，這件事引起了我的好奇心，因為我知道，創造共同點是建立友好關係最快的方式。（藉由創造「共同點」建立友好關係的技巧，我們在第四章會討論。）

然後我用了友誼公式進一步評估科學家在中國的訪問過程。當然，彼此距離是很近的。接觸頻率則很低，科學家每年只會去中國一次。如果接觸頻率低，相處時間則要高，才能發展友好關係。果不其然，相處時間很多。每天口譯人員一早就會去跟科學家碰面，整天陪在他們身邊。而根據口譯人員跟科學家的聊天內容，我們也可以推論，互動強度是很高的。最後，我終於恍然大悟。中國正在偷偷收編我們的科學家，只是科學家們渾然不覺，而我也是到那時才發現。

科學家和我都沒有發覺中國其實正在收買他們。不管他們知不知道友誼公式，中國探員的確運用了這個公式裡的要素，因為這些要素就是人與人之間自然成為朋友的關鍵。這是自然而然的過程，大腦並沒有意識到這是一個巧妙的收編技巧。從此以後，我就以友誼公式的要素來對科學家進行訪談評估，確定是否有外國情報機構企圖收買我們的科學家。我特別請科學家描述旅途中與他人的彼此距離、接觸頻率、相處時間和互動強度。在科學家前往中國之前，我也提醒他們注意中國運用的微妙技巧，以防他們竊取我們的機密。

友誼公式跟你有什麼關係？

接下來在這本書裡會繼續運用友誼公式作為建立友誼的基礎。無論你想要什麼樣的友好關係（短期或長期，隨性或認真），彼此距離、接觸頻率、相處時間和互動強度一定會產生影響。你可以把友誼公式當作房子的地基，就像你跟別人的關係因人而異，每棟房子也可能長得不太一樣，但地基仍然是大致相同的。

友誼公式的日常運用

我在附近的咖啡館遇見菲利浦，我一個好朋友的兒子。菲利浦最近從一個小鎮裡的大學畢業，在洛杉磯找到他的第一份工作。他單身，想認識一些新朋友。他的人生到目前為止都是在小鎮生活，大家都認識彼此，現在他突然搬到一個大城市，認識別人似乎變成一個艱鉅的任務。

我建議他固定去他家附近的酒吧，而且要在踏入酒吧時釋出友好訊號，讓大家知道他不是個威脅（友好訊號會在下一章介紹），然後自己坐在吧台、桌子旁或隔間裡。

每天去酒吧將會確保他跟別人的彼此距離拉近，常常露面也會增加接觸頻率和相處時間。而隨著每次的光顧，他可以逐漸增加友誼公式的最後一個要素：互動強度。他可以逐漸拉長視線接觸並微笑。菲利浦還需要利用好奇心原理來吸引別人接近他。他告訴我，他喜歡蒐集古董彈珠。我告訴他，他可以每次都帶一把放大鏡和一包彈珠去酒吧。他可以進一步把彈珠放在酒吧的桌上，用放大鏡仔細研究每一顆彈珠，這個動作會勾起別人的好奇心。我還告訴他要與酒保和服務生建立良好的關係，因為他們將成為他與社區成員間的關係大使。由於酒保和服務生會與菲利浦直接接觸，其他客人自然會跟他們打聽那個新面孔是誰。當別人跟酒保或服務生打聽時，他們會說菲利浦的好話，這就形成了一個初始效應，大家會透過這個印象來看他。（第三章我們會討論初始效應。）

幾個星期後，菲利浦打電話給我，告訴我他成功了。他第一次去酒吧時，點了一杯酒，把他的彈珠放在桌上，用放大鏡一個一個檢查。幾分鐘後，酒保端著菲利浦的酒過來，問了問他這個不尋常的嗜好。菲利浦簡潔地告訴酒保說他在蒐集彈珠，還告訴酒保每個彈珠大小、顏色和紋理的不同。去了幾次之後，菲利浦和酒保彼此變得更加熟悉。

酒保蠻喜歡菲利浦的，於是把他介紹給幾個對他的奇怪嗜好有興趣的人。彈珠打開了話題，他們接下來便可以自然地換聊其他話題。

友誼公式看起來像是魔術一樣，但事實並非如此。友誼公式只是反映了平常人與人之間變成朋友的方式。了解了友誼發展的基本要素，要建立友誼就易如反掌。

友誼公式如何改變佛拉迪彌爾

記得佛拉迪彌爾一開始發誓絕對不跟我說話吧。我做的第一件事是拉近彼此距離。每天我都跟他坐在同一個房間裡讀報紙，不發一語，根本視他為空氣。安靜讀報這件事，讓我跟他的彼此距離靠近，但重要的是，我在那看報紙沒有對他造成威脅。一旦佛拉迪彌爾確定我不是一個威脅，他就開始好奇了。為什麼這個專員每天來這邊看報紙？他的目的是什麼？他為什麼什麼也不說？我每天的拜訪跟不說話只讀報勾起了佛拉迪彌爾的好奇心。佛拉迪彌爾終於被好奇心打敗，打破了沉默，主動與我說話。跟我說話這件事，不再是我想要他做的事，反而成了他自己想做的事，是他自己主動跟我說話。但即使如此，我也沒有立即開始和佛拉迪彌爾交談，我反而提醒他，我們第一次見面時，他就發誓絕對不跟我說話。除了友誼公式，我的舉動是根據兩個心理學原理：「物以稀為貴」和「欲迎還拒」，稍後將在書中討論。

簡單來說，我沒有讓佛拉迪彌爾太快得逞，這就讓佛拉迪彌爾更加好奇，他想跟我說話的動機又更強烈。一旦佛拉迪彌爾願意分享他的個人空間，也打開心房，我就可以運用這本書討論的手法，讓他心甘情願為我提供機密。

要有效運用友誼公式，你要時常記得你想跟對方建立什麼樣的關係，而為了建立這樣的關係，你又必須花多少時間與對方相處。舉例來說，假設你去美國俄亥俄州克里夫蘭市參加一場為期一天的會議，你遇見了一個很有魅力的男人或女人（依照你的性向去選對象性別），並想跟他或她共度夜晚。你向對方傳達了友好訊號，卻沒有得到良好反應，因為那個人起了疑心。這樣的狀況下，你跟對方在今晚是不可能有任何進展的。但是，如果你後來搬到克里夫蘭，你可能仍然可以根據友誼公式，運用彼此距離、接觸頻率、相處時間和互動強度，贏得這個人的好感。

敵友關係軸

朋友　　　　陌生人　　　　敵人

兩個人第一次見面時（假設彼此不知道任何有關對方的事），彼此是陌生人。想像你自己一人走在街上，不認識任何人，人們在你身邊穿梭，自顧自朝各自的目的地前進。或想像自己在酒吧、餐廳或其他公共場所，你所處的環境裡有許多不熟悉的人。在這種情況下，你跟別人的關係就是敵友關係軸上的「陌生人」。你對周圍的人來說是陌生人，他們對你來說也是陌生人。

大多數的人際互動留在陌生人這個區塊。我們幾乎不會去注意日常生活中遇到的上百個，甚至上千個人。然而，有時候會有某個陌生人做了一件事情，讓我們注意到他或她。我們開始意識到這個人的存在。這個陌生人做的事不一定是很引人注目的事。甚至，我們一開始可能不懂為什麼這個特定的人會引起我們的注意。

那麼，是什麼讓一個陌生人突然脫穎而出，變成我們有興趣的對象呢？他們就是被你大腦的「領域偵測功能」注意到的那些人。科學家發現，在日常生活中，我們的感官不斷把訊號傳送到我們的大腦，而大腦則負責處理訊息，評估是否該忽略、接近，或避免我們觀察範圍內的人。這個過程完全是大腦自動的行為，就像內建的功能一樣，某些特定的肢體語言和口語表達會被大腦判定為「友好」、「中性」或「敵對」的訊號。

「領域偵測」的功能可以用以下類比來描述。有一個女人在沙灘漫步，一邊走，一邊舉著金屬探測器，從左掃到右。大部分時候她的散步過程不會被打斷，金屬探測器沒有偵測到任何埋在沙子下的東西。但是，每隔一段時間，金屬探測機器就會發出嗶嗶聲，這個女人就會停下來挖沙子，去找埋在沙裡的金屬物品。她可能會發現像高級手錶或古董硬幣的珍寶，也可能只找到一些垃圾，像是鐵罐頭或錫箔紙。如果她非常不幸，也有可能找到等待引爆的舊地雷。

你的大腦就像那個金屬探測器，會不斷評估你的環境，搜尋訊號，告訴你哪些東西你應該接近或避免，或者告訴你哪些是不重要的訊息，可以忽略。行為科學家花了幾十年的探索、分類、描述各種被大腦解釋為「友好」或「敵對」的訊號。一旦你知道這些訊號是什麼，你就可以運用它們來結交朋友，也可以順便運用它們來讓你不想接近的人遠離你。

出租、頂讓或非賣品訊號

我有一個學生在報告時說，她在她家附近的酒吧發現了有趣的現象。她發現，穩定關係中的專情男人散發的訊號，跟雖然有穩定對象，但還是想捻花惹草的男人散發的訊號不一樣。她說，她在一些已婚男人身上可以感受到「敵對」的肢體語言，以避免引起別人不必要的注意。但是有些應該已經死會的男人卻一直傳達強烈的「友好」訊息，表示他們還有在追求一些別的關係。她也表示，這些友好訊息，跟未婚男性傳送的友好訊息比起來低調許多。

防衛式臭臉

你有沒有想過，為什麼有些人就是有辦法讓別人覺得他很有吸引力，有辦法給人很好的印象，讓大家都喜歡他；而有些人，生活也同樣過得精彩成功，卻無法有相同的「吸引力」？其實常常是因為，這些人在不知不覺中傳送了「敵對」的訊號。另一位學生的不幸狀況，提供了我們很好的例子。她告訴我，她在中西大學，也就是我教書的地方，交友有點困難。她說，大家常常覺得她很冷漠、孤傲、不易親近，但一旦他們真正認識了她，她就可以很快跟他們發展緊密的關係。

談話間，我發現她小時候是在亞特蘭大一個困苦危險的地區長大，從小學習要提防別人。我告訴她，其實她不需要加強自己的溝通技巧，她需要改善的是在別人面前展現自己的方式。她習慣性對人擺出她的「防衛性臭臉」。這種表情在治安不好的地區很常見，甚至大城市也會有。「防衛性臭臉」散發了明確的肢體訊號，讓別人覺得你是敵人，而不是朋友。這種表情是一個警告，要別人離你遠一點，還有暗示別人「不要惹我」。壞人比較不會對有「防衛性臭臉」的人下手，所以這個表情就成為治安不佳區域裡一種寶貴的求生工具。只要她努力散發出更多的「友好訊號」，而不要散發「敵對訊號」，與其他同學的互動就會易如反掌。

防衛性臭臉

你會想靠近一個擺著「防衛性臭臉」的人嗎？要記得，許多有這種表情的人，通常都不自覺，不知道自己散發出敵對訊號，讓別人不敢靠近他。所以，瞭解肢體語言或口語表達中，什麼會被大腦解釋成是友好訊號，是非常重要的。

何時該使用敵對訊號？

在美國大城市裡，街友常常會主動尋求路人的施捨。他們可能會有點纏人，但他們挑的對象可不是隨機的。他們只會針對最有可能給他們錢的人，並積極地糾纏這些人。他們怎麼知道誰心腸軟會給錢，誰又不會？很簡單：用友好和敵對訊號分辨。如果他們的目標有跟他們四目交接、微笑或是表示憐憫，他們的勝算就比較高。

如果你經常是乞丐的乞討目標，很有可能是因為你不知不覺傳達了肢體訊息，讓他們接近你。若彼此沒有接近，乞丐收到錢的機會就完全不存在。他們知道這一點，於是就會去糾纏有可能會回應他們的人。在這種情況下，防衛性臭臉就可以派上用場。

我還是青少年時，有一次走到一個我不熟悉的區域，後來發現那裡其實非常危險。我就像是離開水的魚一樣不知所措。一位上了年紀的先生發現我的不安，拯救了我。他主動告訴我非常有用的建議，讓我安全離開那個地區：「走路時要走得像你知道你要去哪，擺動手臂，步伐堅定。如果有人跟你說話，你說話時要頭頭是道。如此一來，別人就不會把你當成一個好欺負的對象，你就比較不會被欺負。」這在當時是金玉良言，現在也還是。

你的肢體語言（你的行為）和口語表達（你說的話）會發送訊號給你周圍的人。走路時表現得像你知道你要去哪裡，這樣做是有目的的。對壞人來說，你比較不可能被視為下手的目標，就像一隻健康、迅速、警覺性強的羚羊不會在非洲大草原上的一群動物中，被追逐的獅子當作首選獵物。

柯倫．海托（Cullen Hightower）的這句話相當具洞察力：「朋友都是從陌生人開始的。」每次第一次見到一個人，這個人對你來說就是陌生人，你們的關係位在敵友關係軸的正中間。如果使用這本書裡討論的肢體語言和口語表達訊號，你就可以把陌生人變成朋友。

大腦訊息處理底線

想像你開車下班回家時，突然發現另一輛車一直緊跟著你。你的大腦不斷從你的五官接受訊息，從訊息中偵測可能的危險。這時，你的大腦就偵測到了威脅。這輛汽車的行為不太正常。它闖入了你的個人空間，從「安全距離」進入了「不安全距離」，它現在對你構成了威脅。有趣的是：你其實一直在監視你身後的交通，但只要其他車輛不闖入你的個人空間，你都不會注意到你其實在觀察身後的車。只有當一輛尾隨你的車違反了正常的跟車距離，你才會開始注意。

這個開車的例子也可以用在你的人際關係上。你的大腦一直在自動監測別人的肢體動作和口語表達。當接受到的訊號被視為是正常和安全的，你的大腦會自動合理化這些訊息，不會引起懷疑或危機感。這就是為什麼我在這本書裡教你的技巧能成功。這些技巧都落在人類的大腦訊息處理底線之內。也許你可能覺得別人會發現你在運用這些技巧，但其實他們不會發現，因為大腦會認定這些行為是正常的，就像跟前車保持安全距離，這些技巧不會引起別人的注意。

這本書會強調友好訊號跟敵對訊號。這些訊號都是大腦本能會自動處理的訊號，能用來提升你的人際關係。大家都能學會運用這些訊號，而事實上我們生活中也早已經在運用。只是，許多人並不知道這些訊號是可以操作的，也不知道如何讓它們達到最大效益。這在現今社會中更加嚴重，科技的進步抑制了我們情緒智商的發展。

低頭世代如何交朋友？

有一次，在課堂的一開始，我邀請兩位學生到教室前面，讓他們面對面坐在椅子上。我請他們互相交談五分鐘。他們露出疑惑的表情，問我他們應該要談什麼。我告訴他們想談什麼就談什麼，但他們卻無法想出任何話來講！他們就坐在那裡，盯著對方看。然後，我請他們把自己的椅子轉向，背對背互發訊息，隨便他們聊。令人驚訝的是，這卻一點問題也沒有，他們就透過手機跟彼此聊了五分鐘。

這展現了一個潛在的問題。在手機和電動遊戲發明以前，孩子們是在遊戲場上面對面學習與人互動的基礎社交技巧。他們學習如何結交朋友，如何處理衝突和自己與別人的不同，這就是社交技巧的學習開端。接著，孩子們也學習如何理解和傳達細微的肢體語言訊號，雖然他們常常沒有意識到他們正在學習這些。

在現今這個「低頭」世代裡，沒有人像以前一樣玩球了。孩子都留在家裡玩電動遊戲、互傳訊息。當然，孩子還是有參加一些體育活動和學校活動，但面對面的社交互動在這個高科技的世界已經大幅減少。這不是一件好事。我並不是說科技教出來的孩子就都不懂社交互動，或不能理解別人傳達的訊號，但是他們沒有足夠的練習來磨練社交技能，好讓他們面對面的互動更加有效。

注意下頁上方照片中兩人的冷淡表現。圖中的男子把雙手插在口袋裡，視線往旁邊看，而女人則往下看。兩人沒有傾斜頭部，沒有笑容，沒有正向的肢體表達，沒有模仿彼此的動作。下方的照片則顯示年輕人互傳訊息時展現的自在感與正向肢體表達。

《如何讓人喜歡我》就是要引導你展現出最好的一面來交朋友和發展良好的人際關係——不只是在虛擬世界，而是在現實人生中也管用。

面對面溝通比傳訊息來得困難。

第二章　不說一句話就得到別人注意

建立良好第一印象可沒有第二次機會。

——威爾・羅傑斯（Will Rogers）

也許你小時候幸運地能在慵懶的夏日晚上看到大自然的燈光秀，你甚至從家裡拿了一個寬口玻璃瓶，想要捉那些在夜色裡閃閃發光、忽明忽滅的亮點，牠們就像漂流在輕風中的小燈籠一樣美麗。

螢火蟲是地球上最迷人的生物之一。但螢火蟲如何發出光，對我們目前的主題來說並不是重點，你得同時是生物學家和物理學家才能搞懂螢火蟲產生亮光的過程。我們的重點放在牠們為什麼會發光。

其實，螢火蟲發光有若干原因。有些科學家相信，牠們發光是一種警告，告訴掠食者牠們吃起來一點也不可口。但卻沒有人解釋為何掠食者會把發光跟難吃聯想在一起，畢竟青蛙得一連跳個好幾次才吃得到螢火蟲，也沒聽牠們抱怨難吃。不同種類的螢火蟲也有不同的發光模式，幫助牠們辨識跟自己同種的螢火蟲，也能辨識性別。螢火蟲發光之所以重要，是因為牠們發出的光能當作交配的訊號。這裡的「閃光」就有了全新的意義。研究顯示，雄性螢火蟲為了吸引雌性螢火蟲，發展出特定的發光模式。告訴你一個能當作話題開場白的小知識，科學家馬克·布朗（Marc Brown）指出，「在兩種品種的螢火蟲中，發光率較高的雄性螢火蟲，還有發出的光較亮的雄性螢火蟲，對雌性螢火蟲比較有吸引力。」

螢火蟲與交朋友

螢火蟲的行為可以當作我們如何吸引別人、使別人覺得有可能跟我們成為朋友的一個好比喻。因為我們都是先看到對方，才會開始跟對方說話，你傳達的肢體語言會影響別人對你的看法。尤其是當你第一次見到一個人，而且對方對你完全不了解時，這點就特別重要。你可以像螢火蟲一樣，傳達「友好」或「敵對」的訊號給你身邊的人，鼓勵他或阻止他上前跟你互動。或者你也可以選擇不要「發光」，維持你的陌生人隱匿感。

記住，任何情況下，兩個以上的陌生人處於彼此視線範圍時，很有可能會彼此觀察。別人看到的訊息，會經由大腦解讀，變成「友好」或「敵對」訊號。大多數情況下，對方傳達的訊號是中性的時候，大腦解讀就到此為止。因為大腦一旦判定這個人既不帶威脅，也沒有顯示變成朋友的可能，就不會再注意他。這個狀況就像，你在紐約市要招計程車時，有幾十輛計程車在街上，但你的注意力會放在空車燈亮著的計程車。燈不亮的車，就會被迅速忽略，但如果空車燈亮，你的注意力跟動作就會針對那輛車。

我想你應該有跟哥兒們或姐妹們一起去過夜店、酒吧，或者任何一個公共場合，想認識異性。你有注意到為何有些人就是會吸引別人，而有些人卻完全不受注意嗎？有時候是因為那個人的外表突出，有時候是因為他看起來很有錢，但是更多時候，是因為這個「受歡迎」的人傳送出了「友好訊息」，讓他們從敵友關係軸上的「中性」陌生人，往關係軸的正向（朋友端）移動，增加了與別人互動的機會。

你要記得，我們的大腦一直在偵測周圍環境，尋找敵對訊號或友好訊號。傳達出敵對訊號的人，會被大腦解釋為威脅，會讓人想躲避他。傳達出友好訊號的人，會被大腦認定為不帶威脅性，並且可以接近。當你跟別人初次見面時，記得要傳達出正確的正向肢體語言，讓別人把你放到敵友關係軸的正向，而不是中間點或負向。

三大友好訊號

究竟是什麼樣的肢體語言，可以讓別人對你有好感，提高你跟其他人成為朋友的機會，無論你是在尋找短暫還是長久的關係？有許多友好訊號可供你選擇，但要達到上述目的，有三個關鍵訊號可以鼓勵別人把你視為一個討喜、值得交朋友的人。這三個訊號就是「眉毛閃動」、「傾斜頭部」，和真正的，而不是假的，「微笑」（沒錯，你的大腦分得出別人是真笑還是假笑！）。

眉毛閃動

眉毛閃動是眉毛迅速上下擺動的一個動作，持續時間約略是六分之一秒，是一個主要的肢體友好訊號。當人們彼此接近時，他們就會彼此眉毛閃動，傳送訊息表示他們不構成威脅。跟對方距離約兩公尺時，我們的大腦就開始偵測對方是否有傳達這個訊號。如果對方傳送這個訊號，而我們也回報相同的訊號，這個肢體表達就是在告訴別人，我們不是要提防或避免的敵人。大多數人都沒有意識到自己會眉毛閃動，因為這個動作幾乎是無意識的。你可以自己實驗看看：觀察兩個人第一次見面時的互動，如果有機會的話，繼續觀察之後的互動。在辦公室或其他場合，第一次見到另一個人時，我們就會口頭問候對方，並且運用眉毛閃動。口頭問候可能包含「你好」或「最近好嗎？」。等第二次見面時，彼此就不需要說什麼，但還是會彼此閃動眉毛，如果是男性，可能會輕抬下巴。輕抬下巴就是下巴向前並稍微向上抬。下一次當你和某人見面時，仔細觀察你自己會做什麼樣的動作，也觀察別人會做什麼動作。你會很驚訝地發現，我們從沒注意過人與人碰面時彼此肢體語言上的溝通。你會更驚訝地發現，你活了大半輩子，卻從來沒有認出你傳達的肢體語言。

眉毛閃動這個訊號也可以遠距傳送。如果你在滿滿都是人的房間裡，想認識對面的一個人，傳達眉毛閃動訊息，再看看對方有沒有回應。如果對方也對你閃動眉毛，進一步發展就是有可能的。如果對方沒有回饋你的訊號，可能表示他沒興趣。因此，你可以把眉毛閃動當作你測風向的工具，幫助自己確定對方對你是否感興趣。當對方沒有回覆你的眉毛閃動時，你就可以避免自討尷尬，不用被對方斷然拒絕。同時，最佳的下一步就是轉移目標，尋找另一個會回饋訊號的人來接近。

自然眉毛閃動示範。在現實生活中，眉毛閃動不會如此誇張，因為這個動作很快。所以我們才叫他眉毛「閃動」。

如果你還是對那個人有興趣，對方沒有回覆你的眉毛閃動其實不代表你不能接近那個人，但你可能需要運用一些其他的友好訊號，或者觀察對方是否有傳送別的友好訊號，然後才能試著跟對方互動。

「友善」的眉毛閃動包含與對方迅速四目相接，尤其是你不認識對方，或者跟對方不熟的時候。兩人視線接觸的時間如果很長，代表情感強烈，有可能是愛意或者是敵意。視線接觸過久（也就是一直瞪著對方）會令對方不舒服，所以在一般的社交場合，我們都會避免超過一、兩秒鐘的視線接觸。公共場所裡，陌生人彼此之間的視線接觸甚至不到一秒，而且大多數的人會選擇直接避免跟別人有任何視線接觸。

也不是所有的眉毛閃動都是表示友善。在下一頁有不自然眉毛閃動的圖示。在真實世界裡，不自然的眉毛閃動，就是當一個人在閃動眉毛時，眉毛上抬的動作持續太久。不自然的眉毛閃動，好一點別人會覺得你不友善，慘一點就是別人會覺得你是變態。如果你看到不自然的眉毛閃動，或者你自己做出不自然的眉毛閃動，這個訊號會被解讀成敵對訊號，就像防衛性臭臉一樣，對社交不會有幫助。

不自然眉毛閃動

傾斜頭部

把頭歪向左或右是一個沒有威脅的訊號，因為傾斜頭部會暴露在脖子兩側的頸動脈。頸動脈是供應大腦含氧血的血管，要是把任一邊的頸動脈切斷，人就會在幾分鐘內死亡。受到威脅的人會把脖子內縮，用肩膀保護自己的頸動脈。遇見沒有威脅的人時，我們就會露出我們的頸動脈。

傾斜頭部

歪頭是一個很強烈的友善訊號。跟人互動時，歪頭的人會讓別人覺得更可以信任，也更有吸引力。女性會認為接近她們時，把頭微微傾斜向一側的男性比較帥。同樣，男人也覺得把頭傾向一側的女性更有吸引力。此外，跟別人談話時，把頭傾向對方的人，跟保持頭部直立的人相比，讓人感覺更加友善、善良、誠實。

女性比男性更常傾斜頭部。男性在溝通時往往把頭部保持直立，以表示自己的強勢。這樣的動作在商場可能是一個優勢，然而，在社交場合裡，沒有傾斜頭部可能會散發錯誤的訊息。在約會場所中，如夜店和酒吧，男性接近女性時，應該有意識地把他們的頭偏向一側，否則可能會被女性視為有侵犯性。在這種情況下，你可能會變成是一個需要「提防」的傢伙，你的意圖可能是無害的，但你的行動會引起女性的防衛，並很難，或甚至不可能跟對方有深入接觸。

傾斜頭部在動物界似乎也是友善的訊號。

微笑

微笑是一個強大的「友好」訊號。笑臉會被我們認為更有吸引力，更討人喜歡，比較不強勢。微笑代表自信、快樂和熱情，最重要的是，微笑也傳達出「接受」的訊息。微笑傳送出友善並增加吸引力，只要微笑，就能使人心情變好，更容易被人接受。大致來說，人們只會對他們喜歡的人微笑，不會對他們不喜歡的人微笑。

微笑會釋放腦內啡，而腦內啡會給我們幸福感。當我們對別人微笑，對方很難不回你一個微笑。這個回報的微笑，會讓你的目標對自己感到滿意，而且，我們在後面的章節會學到，如果你讓人們肯定自己，他們就會喜歡你。

但是科學家和敏銳的人很早就發現：微笑分成「真誠」或「真心」的笑容，還有「假的」或者「硬擠出來」的笑容。我們在跟想接觸的人互動時，或者是跟已經熟識而且喜歡的人互動時，就會有「真正」的微笑。而當我們在社交場合，因社交義務或者因為工作需要，被迫要對某個人或某些人表示友善時，我們就會假笑。

你看得出哪一個是真笑，哪一個是假笑嗎？如果看不出來也沒關係，因為這兩個都是真的笑容！

如果你希望別人喜歡你，你的笑容應該要是真誠的。真笑的特點是嘴角上揚、顴部上移，還有眼角皺摺。假笑則跟真笑相反，假笑時笑容會有一邊比較明顯。對右撇子來說，假笑的時候右臉會笑得比較緊繃，左撇子則是左臉。假笑也比較不同步，會比真正的笑容更晚出現，也會在奇怪的時間點消失。真笑的時候，顴部會上升，眼袋會變明顯，眼角會出現魚尾紋，某些人的鼻子會往下一些。假笑的時候，你會發現嘴角沒有上揚，顴部沒有上升，所以眼周也沒有出現紋路。眼周有沒有紋路是分辨真假笑最重要的關鍵。雖然年輕人的皮膚跟年紀較大的人比起來較為緊緻有彈性，較難看見笑的時候，眼周有無出現紋路，但是我們的大腦還是可以分辨出真笑跟假笑。

左上的笑容是假的，右上是中性表情，下方的笑容是真的。

你微笑的方式會影響別人看待你的方式，也會促成或阻止你跟他們之間友誼的生成。女性特別常使用微笑來控制跟別人的第一次接觸，也用微笑為接下來的人際互動定下基調。男性更容易會選擇接近向他們微笑的女性。女性真誠的微笑，對男人傳達出一種允許接近的訊息，假笑或完全不笑則表示不感興趣。同樣地，女性可以透過調整笑容的頻率和強度，搭配其他友好訊號，來表達她能接受男性靠近她。

學習如何在不想微笑時，卻能「真正」地微笑，是需要練習的。仔細觀察本書的照片，回想你在日常生活中看到的微笑。然後站在鏡子前，實際演練假笑和真笑。其實不會很難。只要想像你真正想對深愛的人表達感謝的時候，你會怎麼笑；你被迫在家庭聚會見到不想見的客人時，或者身處在一個討厭的生意場合時，你又會怎麼笑。你要一直練習真笑，直到真笑變成一個自然而然的反應。然後你就可以在需要時隨時運用。

視線接觸

視線接觸要跟其他友好訊號搭配運用。你可從遠處就跟別人進行視線接觸，所以，跟本章中其他肢體語言一樣，視線接觸是你不說一句話就可以得到對方注意的方式。此外，就像其他的肢體語言一樣，視線接觸會讓目標對你產生良好的印象，讓他覺得你是一個可以成為朋友的人。

要透過視線接觸來傳達友好訊號，你要先選出你有興趣的人，然後跟對方建立不超過一秒的視線接觸。如果超過一秒，這樣的視線接觸可能會被認為具有威脅性，變成敵對訊號。就像之前提過的，當你凝視著對方，尤其是在社交場合，其實你正在侵入他或她的個人空間。如果你不被允許進入對方的個人空間，你這樣的行為好一點會被視為有威脅性，慘一點的話就是人家會覺得你是變態。你要停止視線接觸時，記得微笑。如果你還無法「真笑」，至少要讓嘴角上揚，把眼尾的皺紋擠出來。如果對方也對你微笑，就代表他對你也有興趣。如果你的對象跟你四目相接，然後就低頭看別的地方，接著又再度跟你四目相接，就代表你可以很有把握地上前跟他互動了。

互相凝視

互相凝視是建立融洽關係的強力推手。這個肢體語言跟死盯著別人看是不一樣的。通常，當你跟其他人視線接觸，你們互看的時間是一秒鐘或不超過一秒，然後就會移開視線。視線接觸如果持續超過一或兩秒鐘，就會被視為一種威脅。盯著別人看，尤其是盯著陌生人的時候，會被解讀成一種敵對訊號。然而，當兩個人彼此認識也彼此喜歡時，他們就可以進行超過幾秒鐘的視線接觸。而戀人們更是可以凝視彼此的眼睛很久。用下面我要講的這個技巧，你就可以安心地運用互相凝視，幫助你跟陌生人建立融洽的關係。

當你跟目標在視線接觸時，把你的目光停留一秒，然後慢慢轉動你的頭，再讓你的目光停留兩秒鐘。你在看的人看到你轉頭，會以為視線接觸已經結束，你的動作就不會被別人認為是在死盯著對方看。這個技巧能讓你加強你傳送的友善訊號中的感情。但是如果時候未到，不能為了拉近彼此關係，把這種凝視強加在別人身上。男性比較常會濫用這樣的凝視，這樣就會扼殺可能發展的關係。

瞳孔放大

瞳孔放大表示對對方有興趣。當你看到自己喜歡的人，你的瞳孔，也就是你眼睛黑色的部分，就會擴張。瞳孔擴張得越多，代表越受吸引。顯然這個動作是對方是否對你有好感的線索，雖然在日常生活的人際來往中很難發現。因此這個反應比較少被視為友好訊號。

藍眼睛的人瞳孔放大時最明顯。有黑眼睛的人比較具有神秘異國氛圍，因為他們的瞳孔看起來總是有放大的感覺。西元前一世紀最美的女人，埃及豔后，就用了一種叫做阿托品的天然藥物來擴張她的瞳孔，使自己看起來更性感。瞳孔擴大的原因也有可能是環境光線變化，所以你在解讀這種身體反應時要小心，不要會錯意。

你願不願意去坐牢？運用友好訊號來說服嫌犯自白

我還在為 FBI 工作時，接過一個特殊的案子。我們鎖定了一個涉嫌性侵兒童的嫌犯，我們已經知道有一名受害者，但種種跡象都指出，還有更多人受害。我們認為，嫌犯用自己的電腦來鎖定受害人。我很想立即逮捕他，卻沒有決定性的證據來申請逮捕令。

我決定跟這個嫌犯聊聊，好讓他同意讓 FBI 審查他的個人電腦。要讓任務有機會成功，我必須創造一個沒有威脅的環境，迅速跟嫌犯建立融洽的關係，然後，等時候到了，我再要求他的同意。我邀請這個嫌犯來我在 FBI 的辦公室。我這麼做的原因，是要讓他覺得一切都在他的掌控之中（他可以決定他的行動），也是為了要讓他覺得他是自願來的（他不是被迫來跟我面談）。

我到門口迎接嫌犯時，做出了眉毛閃動，頭部略微傾斜，和足以亂真的假笑，把我眼睛周圍的魚尾紋都擠出來。要對這個嫌犯傳達真正的友好訊號是不可能的，因為我覺得他的行為應該受到譴責。我熱情地握著他的手，並邀請他進入會面室。我給了他一杯咖啡，這麼做有兩個原因。首先，我想運用心理學的互惠原則。當別人從你身上得到東西，就算是小事，他們都會覺得有必要回報你。我想用這杯咖啡，來換取搜查同意。第二，我想用嫌犯放杯子的位置來確定，我跟他之間的友好關係是否已經建立（杯子位置解讀法將在後面的章節中討論）。當我把咖啡遞給嫌犯時，他說：「我做了那些事之後，你怎麼還能對我這麼客氣？」這表示在面談開始之前，他就開始接納我了，雖然只是小小的一步。我運用了模擬的友好訊號跟嫌犯建立了良好的關係，讓嫌犯覺得我不是威脅，而是一個可以保守祕密的人。而就是這個祕密，讓他在監獄裡度過後半生。

肉毒桿菌

講到友好訊號，有時候你的意圖是好的，卻會發生你沒想到的負面後果。舉個有點慘的例子，有一個有點年紀的太太為了想看起來更年輕，讓先生覺得她更有吸引力，決定去注射肉毒桿菌，讓她臉上的皺紋可以減少一些。她迫不及待想要讓她的丈夫看到成果。

好啦，等先生看見他「嶄新」的太太時，發生了什麼事呢？因為肉毒桿菌會讓眼周部分肌肉緊縮僵硬大約兩個月，太太無法閃動眉毛，也無法完整表達真實的笑容，尤其是老公很習慣看見的那些魚尾紋。太太看起來的確是比以前有吸引力，但是先生卻沒有從她身上接收到他很習慣的友好訊號，所以他懷疑太太已經不愛他了，太太去整型是為了別的男人。除非先生知道為什麼太太沒有辦法傳送友好訊號，不然太太為了美貌付出的努力可就功虧一簣了。

肢體接觸：要小心運用的友好訊號

肢體接觸是很微妙、複雜也很有威力的肢體表達形式。令人驚訝的是，在社交場合裡，身體接觸可以表達的訊息其實非常多種。不同的肢體接觸，可以用來表示贊同、好感、兩人間的從屬關係或吸引力，也可以表示支持、強調觀點、引起注意或參與、引導或指引、問候、祝賀、建立或強化權力關係，並協調彼此的親密程度。

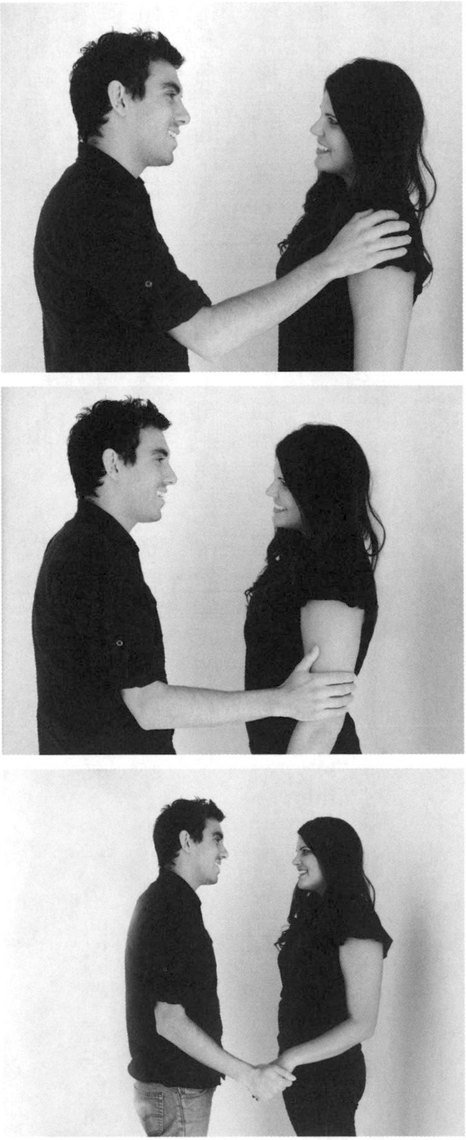

恰當的肢體接觸。在一段感情的開始，肢體接觸應該只限定於牽手，還有觸摸手肘跟肩膀之間。

肢體觸碰對交朋友非常重要。研究指出，即使是最短暫的肢體觸碰都可以讓我們對他人的看法產生巨大轉變。實驗顯示，在社交場合，兩個陌生人之間即使只是輕輕、迅速地觸碰手臂，對兩人的關係也會有立即而且長久的正面影響。例如，請別人幫助你或者是為你指路時，如果伴隨輕碰對方手臂，就會產生更正面的結果。

但要小心：即使是最無害的肢體接觸，都有可能讓被碰到的人產生負面反應。這些負面的反應包括：把手臂抽走、增加彼此之間的距離、皺眉頭、轉身背對你，或其他表示不滿或焦慮的行為。這些負面的反應顯示，這個人不會把你當作可能變成朋友的人。

除非對方非常害羞而且不常展現情感，不然別人對於你簡單的手臂觸碰有負面反應時，就表示他不喜歡你或不相信你。除了一般的握手之外，碰到另一個人的手比碰到她或他的手臂更私密。觸摸對方的手是戀愛關係的指標。電影往往用兩個角色間手部的觸碰暗示他們的關係是冷淡，還是漸漸成長，或是正在熱戀。如果你觸碰對方的手，對方卻把手移開，就算只有稍稍移開，也代表對方還沒有準備好要加強他跟你的關係。但把手移開也不一定就是表示拒絕。對方會有這樣的動作，代表在你把彼此關係往前推進一步之前，還需要跟對方多多培養感情。如果對方接受你觸碰他的手，代表這個人準備好要跟你牽手了。牽手是一種更強烈的肢體接觸，而十指交扣則是牽手最親密的形式。有一個零風險的方式，可以讓你測試你跟對方的關係到底有沒有親密到可以觸碰手部，你可以「不小心」碰到或者滑過你有興趣的人的手。大多數人都會忍耐別人偶然的觸碰，就算其實他們不喜歡碰到他們的人，但他們會不自覺地發出肢體訊號，暗示他們接受或拒絕你的觸摸。注意這些肢體訊號，然後採取相應的措施。

鏡像效應（模仿對方的行為）

鏡像效應指的就是模仿別人的行為，這種肢體表達可以讓友誼發展更容易、更有效。模仿對方的行為，會在對方心裡建立一個良好的印象。如果你初次見到一個人，而且希望跟他變成朋友，你就要努力去模仿他們的肢體語言。如果他們雙手抱胸站著，你就雙手抱胸站著。如果他們翹腳坐，你就翹腳坐。某些情況下，鏡像效應有點不實際。例如穿著短洋裝或短裙的女生，你就不能指望她模仿對方把膝蓋分開翹腳的坐姿。在這種情況下，大概相似的動作就夠了。這個女生可以膝蓋交疊翹腳，不用學對方把兩腿張開。

別人不會有意識地注意到你的模仿行為，因為這也落在人類大腦訊息處理底線的範圍，大腦會認為這樣的動作是「常態」。然而，不互相模仿是一個敵對訊號，所以當兩個人的互動中，彼此

鏡像（互相模仿）的動作

動作沒有相仿的時候，大腦就會注意到。沒有被模仿的人可能無法具體說明為什麼他們覺得不太舒服，但是這個敵對信號會觸發防禦反應，阻礙友誼的建立。

模仿別人的動作需要練習。好在你可以在任何工作或社交場合練習模仿別人。當你跟一群朋友在工作或在社交場合閒聊時，你會發現在場的成員會模仿彼此。你可以先改變你的站姿或姿勢，很快地，在場的其他人就會模仿你。你試驗的前幾次，你可能會覺得每個人好像都知道你在做什麼。但我可以向你保證，其實他們不知道。這樣的狀況就是我們等下會討論的聚光燈效應。另一個練習方式，就是模仿你隨機碰見的人。經過幾次練習，你就能掌握模仿別人的技巧，可以把它當作建立友誼的利器。

身體前傾

遇到喜歡的人的時候，我們常常會把身體往前傾，而遇到不喜歡的人的時候我們就會保持彼此的距離。我在FBI的工作生涯中，有時候會受邀去參加大使的派對或者外交場合，我去這種場合的時候，通常都在觀察現場賓客，看看哪些人已經建立起良好關係，哪些人的關係還在發展中，哪些人接受跟對方發展關係。

身體前傾代表對方願意跟你建立關係。兩人交談時身體前傾，代表兩人間的良好關係已經建立。身體前傾搭配其他的友好訊號，例如微笑、點頭、歪頭、小聲説話、還有肢體接觸，代表兩人關係更加親密。

當兩人之間的關係建立並不順利的時候，我們會把頭微微後傾，讓彼此距離增加。同樣地，與別人互動時，如果我們把身體轉離對方，也代表著兩人之間的關係不順利。遇到不速之客時，我們會把腳尖的方向指離他們。這些微妙的肢體語言也可以幫我們分辨對方對我們的態度是接受或拒絕。

我經常觀察聽眾的肢體語言訊號來檢視

我上課的效果。對課堂內容感興趣的學生會在位置上將身體向前傾，把頭向右或向左傾斜，並常常點頭表示同意。不感興趣的學生會往後靠在自己的座位上、翻白眼，或者更嚴重，把頭向前或向後傾斜，因為他們已經打起瞌睡來了。

這種觀察別人肢體語言訊號的方法也可以在商業場合中使用。如果你正在向一群觀眾推薦一個產品，透過觀察觀眾的肢體語言動作，你可以觀察出誰已經心動了，誰還在考慮，誰又完全沒有興趣。

山不轉路轉：逆轉情勢

我還在 FBI 工作時，需要做很多簡報。有一次，我要為一個行動取得必要的資金，所以需要做簡報。這個行動我已經準備了好幾個月，而且這個行動很複雜，要花很多錢。要得到資助，就要說服聽眾這個行動可以帶來很大的利益，值得我們投注大筆資金。

當我在報告時，我觀察坐在會議桌周圍的聽眾做出的肢體動作。我立刻看出哪些人同意資助行動。他們向前傾，而且偶爾點點頭。我也觀察到哪些人對這個行動的優點，或者對資金大量的投入，抱持懷疑的態度。我當下當然會想繼續對同意我的人說話（實際上不必再多費唇舌），因為從這些跟我想法一樣的人身上，我可以得到認同和安慰。但我拒絕這種誘惑。我不需要繼續說服已經被我說服的人。我必須說服不同意我的人。

我把注意力放在他們的身上。好幾次，我在會議室裡移動，靠近那些不同意贊助這個計畫的人，直接看著他們，施展我的個人魅力。慢慢地，我觀察到風向改變了。這些本來反對我的人，身體開始漸漸前傾，頭部也越來越往一邊傾斜。

我做完簡報後，行動就獲得批准了。能觀察還有解讀肢體語言訊號，在我做簡報時，帶給我很大的幫助。我可以針對不同意我的人去改變我的報告內容，讓他們改變心意。

輕聲說話

輕聲說話是一個親密的行為，也是一個正向的友好信號。不是每個人都可以毫無顧忌地在你耳鬢輕聲說話。當你看到兩個人輕聲講悄悄話，你就知道這兩個人關係很親密。

分享食物

你能想像，你坐在餐廳吃飯時，有個陌生人走過來你這邊，然後用叉子把你盤子裡的食物叉起來吃嗎？你一定會感到不舒服，也不可能要求這個人坐下和你一起吃飯。現在想像一下，你跟家人在一起吃飯，氣氛很愉快，你兒子或你妹妹伸手用叉子把你盤子裡的食物叉起來吃。這個動作，陌生人跟熟人做起來，你的反應大概會徹底不同。之所以會這樣是因為你跟家庭成員有密切的關係，在這個條件下，分享食物就是恰當的。分享食物是友好訊號，如果對方允許你吃他盤裡的食物，表示你跟他有著密切的關係。

手勢運用

手勢運用的多寡和強度，會因文化而異，甚至因人而異。就算在文化比較含蓄的社會，還是有些人天生比其他人更會表達。儘管如此，彼此喜歡的兩個人在互動時會運用較多意思明確的手勢。意思明確的手勢運用表示你對對方在說的話有興趣，並持續聚焦在講話的人身上。

講話的人可以在句尾時，把手用力往下比，強調講話的重點，或張開手掌，以表達坦誠跟誠意。意思明確的手勢能加強口語表達和增進對彼此的興趣。但要注意，手勢也可以用來表達不舒服、不喜歡或沒興趣。

點頭

點頭是告訴講話的人，我們同意他說話的方式，而且暗示他們繼續講下去。這個訊號鼓勵別人繼續說話。點兩次頭則是告訴講話的人要講快一點。點頭多次，或緩慢地點一次頭，會干擾說話的人說話的韻律。太常點頭可能會傳達出催促對方的意思。快速點頭也是一個催促對方的肢體語言，通常是因為你想要插話，或對對方講的東西沒興趣。不恰當的快速點頭可能會被視為不禮貌的行為，或顯示出你想要主導這段談話。這個行為會讓焦點從講話的人身上轉移到聽者身上，這樣就很明顯違反了友誼的黃金守則，我們在接下來的章節會討論。正確使用的話，點頭這個動作可以讓說話的人充分表達他的想法，並且讓對方感到非常滿意。如果你會適當地運用點頭，大家就會認為你是一個很好的聽眾，也會比較喜歡你。

口語回應

口語回應會加強點頭的效果，並鼓勵對方繼續說下去。口語回應是指一些肯定對方的用語，例如「了解」和「然後呢」，口語回應也包含一些所謂的填空詞，例如「嗯」和「嗯哼」。這些口語回應會讓說話的人知道你不僅很仔細地在聽，而且也透過口語回應肯定對方的話。

專心談話

你在聽別人說話時，不要讓不重要的事打斷你。你要表現出對方要說的話，對你來說是很重要的。你努力打造出的專心形象，會在你接起電話、讓對方等你時消失殆盡。如果你在跟別人講話時，你的手機響了，你就要抵抗想立刻接電話的衝動。不知什麼原因，大多數人都覺得好像一定要接電話。但你手機響了，並不代表你一定要接啊！很少有電話是很緊急的，如果打電話來的人沒有留語音訊息，顯然就不是急事。如果有留語音訊息，你還是可以等個幾分鐘，等到你的談話結束之後，再去聽。即使在今天這樣高科技普及的世界裡，跟人家說話時一邊發簡訊或接電話都是很沒禮貌的。

你在跟別人談話時，有人打電話給你，這時最好的辦法就是把手機從你的口袋或包包裡拿出來，把來電轉至語音信箱，再把手機放回你的口袋或包包，然後把你的注意力放回你們的對話上。這個動作會很明確地讓對方知道，他們比一通電話更重要，讓他們知道你很專心地在跟他們談話。而且，你會給他們很好的印象，讓未來的關係發展更容易。

七個絕招讓你得到更多小費

讓別人喜歡你，即使只相處一次，也可能是有益的。顧客要抱怨時，可能會比較理性，別人也可能比較願意伸出援手，就算他們其實不需要幫你。而且，如果你是一個服務生，你能讓你服務的人願意用更高的小費來表示他們的感謝。

得到更多小費的關鍵是，要建立一個環境讓顧客喜歡你。

第一招：輕輕觸碰顧客（女服務生適用）

研究顯示，女性服務生輕輕觸碰客人（不論是男是女）的肩膀、手或手臂，都會比不碰客人的服務生獲得更多小費。尤其如果客人是男性，會比其他沒有被碰到的客人點更多酒，也就有更多機會給小費。如果對方正確解讀你的觸摸，會產生一種友好的感覺，然後因此給小費給得更加慷慨。

但是要注意，觸摸可能會有負面效果。如果客人覺得你在調情或者是太過強勢，反而會減少小費。如果你的男性客人是跟女朋友一起來的，你就要注意你的動作，因為任何肢體接觸都有可能會引來女友的醋勁。

第二招：在頭髮上戴髮飾（女服務生適用）

不管是男性或女性客人，都會給戴著花（不論真花或假花）、髮夾等髮飾的服務生比較多小費。一種解釋這個現象的說法是，客人可能會覺得戴髮飾的服務生更有吸引力，因此才容易給更多小費。有趣的是，男性服務生有沒有吸引力，卻對男性和女性顧客給小費的慷慨度沒有任何影響。

好了，我們來面對現實吧，沒錯，研究顯示，比較漂亮的的女性服務生跟比較沒有吸引力的服務生相比，會獲得較多小費，不管她服務到底周不周到。胸部比較大的服務生也會得到較多小費。金髮的服務生也是。身材越苗條的服務生小費越多，而有化妝的服務生也會從男性顧客身上得到更多小費，雖然女性客人不會給比較多。世界就是這麼現實。

第三招：向客人自我介紹（男女服務生皆適用）

有向顧客介紹自己名字的服務生會獲得比較多的小費。自我介紹讓服務人員看起來更友善。客人會比較願意給友善又討人喜歡的服務人員小費。有自我介紹的服務員，平均比沒有自我介紹的服務員，得到多出兩塊美金以上的小費。但只機械化地告訴客戶你的名字是不夠的，你自我介紹的同時也要給客戶一個大大的微笑。微笑會讓你顯得更友善，更平易近人。

第四招：創造回饋（男女服務生皆適用）

當我們從別人身上得到東西時，我們都會傾向回饋別人。得到東西的客人，通常都會用給比較多小費的方式來回饋你，就算你只是給他們一點小東西。服務人員可以透過許多種方式來引導客人的回饋，甚至只要在帳單背面寫「謝謝」，就可以拿到更多小費。

要引導客人回饋也可以用更低調的方法。在客人的菜快要上齊的時候，告訴客人，有一道還沒上的菜，因為準備的方式沒有達到你的標準，所以你把那道菜送回廚房請廚房重做，請客人再等一下，為這道比較晚上的菜道歉。幾分鐘後，再把廚房準備好的菜端上桌。客人會認為你幫了他們的忙，給比較好的小費來回饋你，雖然實際上這個把菜退回廚房重做的事情並沒有發生。但你運用這個技巧時要小心，當你告訴客人某道菜沒有達到標準時，你要想好不會讓客人質疑菜餚口味或品質的理由，也不能讓客人對餐廳有不好的觀感。另外，把帳單給客人時，順便附上薄荷糖，也可以引導回饋。

第五招：重複客人點的菜色（男女服務生皆適用）

我們比較喜歡像自己的人。當你重複客人點的菜時，客人潛意識裡會覺得你比較像他們。關係良好的人會模仿彼此的語言跟手勢。透過重複客人點的菜，他們會覺得你跟他們一樣，也會比較喜歡你，可能會給你比較多小費。

第六招：提供良好的服務（男女服務生皆適用）

要拿到比較多的小費的要訣，最終還是提供良好的服務。用溫暖友善的微笑迎接客人、介紹自己的名字、重複客人點的菜、在還沒被客人要求之前就主動補茶水，並定期看看客人有沒有需要什麼。每個客戶都不同，你應該要學會快速讀懂客人的心思。有些客人希望被好好服務，有的客人想要基本的服務，有的客人只是想獨自享用餐點。你越快了解你的客人想要什麼，你就會得到更高的小費。

第七招：運用友誼的黃金法則

友誼的黃金法則（見第三章）適用於每個人：「讓客人開心，他們就會喜歡你。」客人越喜歡服務生，小費給得越多。

敵對訊號

回想一下我們在這一章剛開始討論到的螢火蟲。螢火蟲發光可以是一個友好訊號，以吸引異性，但也可以是一個敵對的訊號，以防禦可能的掠食者。我們其實也跟螢火蟲一樣，可以對周遭的人傳送友好或敵對訊號。當然，我們在這裡是要討論如何交朋友，因此希望你把重點放在如何發出友好訊號，還有避免傳達讓人覺得有敵意的肢體語言。問題是，我們有時不知道我們發出了敵對訊號，因為我們不知道敵對訊號是什麼，就像我之前講過的那個有「防衛性臭臉」的學生一樣。我們的目標是要讓不認識你的人喜歡你，不論你們之間只有短暫接觸還是要培養長久友誼，你要運用「螢火蟲戰術」（肢體語言訊號），讓你的目標了解你的意圖，然後讓他喜歡你。因此，敵對訊號就是在你跟陌生人互動時，不希望傳達給別人，也不希望別人傳達給你的訊號。

如果你在交友方面有點困擾，你可能要觀察自己的手勢和臉部表情，看看你是否在不自知的狀況下傳達了敵對訊號。

過長的凝視（盯著別人看）

視線接觸只要持續時間不長於一秒，搭配其他的友好訊號一起運用，可以對雙方關係產生正面的影響。就像我前面說的，如果凝視別人超過一秒，往往會被別人解釋成有威脅性的行為，這就把這個肢體動作變成了敵對訊號。人類的大腦會把這種動作解釋成有侵略性，讓接受到你眼神的人立刻起警戒心，武裝自己。

上下打量

上下打量指的是對人從頭到腳的上下掃視。這樣的動作對正在發展的關係來說，非常令人反感。這種形式的目光，會被對方解釋為一種侵犯，因為你還沒有獲得許可，可以進入對方的個人空間。所謂的進入對方個人空間，可以是生理層面的，也可以是心理層面的。用你的目光入侵別人的個人空間，會讓別人覺得極受侵犯，有時甚至比實際入侵個人空間還更令人不悅。某些情況下，這樣的行為也可能被視為一種威脅或攻擊，使對方產生防禦反應。相反來說，如果在一個已經建立的親密關係裡，從頭到腳的上下打量是可以接受的，甚至有時會被視為一種讚美。

男友通關檢查

在全球的機場開始進行討人厭的通關全身掃描之前，我們早就會上下打量我們的目標了。我女兒的男友到我們家來按門鈴的時候，我就常常使用上下打量這招。我會打開門，盯著那個小子的眼睛看，然後用很慢的速度，從頭部開始掃視到腳趾。我會用一句嚴厲的「你要幹什麼？」來完成這個打招呼的過程。通常這年輕人就會開始結巴，不要知道說什麼好。這樣我就知道我傳達的訊息已經確切地被收到了。這肢體動作比任何口頭威脅還有效。

眼神直視

在我 FBI 生涯結束後，我幫忙訓練臥底警察，教他們如何在臥底行動中不被識破。眼神接觸是其中一個會讓臥底探員被識破的肢體語言。就像我前面說的，要進入別人的個人空間，不管是用眼睛打量還是實際進入，你都要跟對方有一定的熟悉度。而警員因為自己的身分，常常有權進入一些一般人不能去的地方，或者審查別人，這些都是一般人做不到的。你有沒有因為停紅燈跟警車並排暫停過？你偷偷轉頭看警員的車，如果警員也轉過來看你，你就會趕快把視線移開，往前看。但是如果情況倒過來，可就不同了。如果警察正在看你的車，你轉頭對上他的目光，警員不會趕快別過頭，他只會繼續看你。你反而才會快點轉頭別開目光，希望他沒有看到什麼可疑的地方。警員因為他的職務，有權力觀察你和你的車，而你卻不可能跟警員一樣做同樣的事情。

覺得自己有權檢視一般人不能大剌剌觀看的地方，是最容易讓臥底探員被識破的一個跡象。例如，有一個臥底警員被派到一個毒梟聚集的酒吧當臥底，去跟他們搏感情買毒品。當這個警員第一次踏入這個酒吧，他會習慣性地停下來，慢慢地掃視整個空間，尋找可能的威脅，然後才會走到吧台點飲料。臥底警員這樣用眼神侵略別人的個人空間（直視別人的眼睛），自己卻不會覺得奇怪，是因為他是一名執法者。問題是，正常人第一次去酒吧時不會這樣，更何況這間酒吧看起來就是很可疑。當一般人第一次走進酒吧時，通常直接走到吧台或一張桌子坐下，不會跟任何人直接有視線接觸。坐下，而且飲料也上了之後，我們才會開始偷偷看看周圍。相反地，經常光顧酒吧的人進來酒吧時，就可以入侵別人的空間，在酒吧裡四處看看尋找熟人。這個肢體動作雖然很細微，卻很容易被嫌犯發現，他們因為很怕被抓，都非常會閱讀各種訊號。

翻白眼

對別人翻白眼是敵對訊號，阻止對方進一步的互動。這個動作傳達的意思是你覺得對方很蠢，或者你覺得他的行為不恰當。例如，如果你跟一大群人在一起，有一個人在講一些你覺得很蠢的話，你可能就會翻白眼。如果正在講話的那個人看到你翻白眼，這樣對之後你們之間的互動就會有負面影響。這樣的狀況不管你跟對方是陌生人，還是已經認識都一樣。

翻白眼

在開會的時候看看別人有沒有翻白眼，是打發時間的好方法，這也能告訴你別人對特定的事情有什麼看法。當我們不同意別人的意見或建議時，我們就會趁講話的人轉頭或看筆記時翻翻白眼。這種肢體語言訊號可以辨識哪些人不同意目前在討論的事。

如果你在講話，看到有人翻白眼，你可以把你的注意力放在那個人身上，試著說服他們你的想法有可取之處。你要記得，不要花時間說服那些已經被你說服的人，也就是那些已經在點頭，身體前傾，面帶微笑的人。

瞇眼睛

這個敵對訊號跟其他敵對訊號比起來比較沒那麼強烈，但還是可能讓你跟別人的關係降溫。如果瞇眼是出於一些其他因素，例如直視強光，也有可能會被人誤解成有敵意。

皺眉

這是另一個常見的敵對訊號，假如皺眉的人不是因為正在專心做事的話。這個肢體表情會被解釋成不同意、不確定，或者是憤怒。

皺眉

臉部表情緊繃

下巴肌肉緊繃，瞇眼睛，並眉毛深鎖是一組肢體敵對訊號，從遠遠的地方就可以看到，提醒你要接觸的這個人可能造成威脅。顯示敵對訊號讓彼此很難進行有意義的溝通，尤其是要建立新的關係時。臉部表情緊繃，很容易會被別人誤解，因為其實我們經常把工作或家庭生活的壓力寫在臉上，帶到社交場合。導致新朋友，甚至老朋友都注意到，造成別人不必要的防衛和憂慮。

強勢站姿

雙腿張開、雙手叉腰的站姿是一個敵對訊號。雙腳張開的站姿會把身體重心降低，也是我們在預備與別人搏鬥的時候會採用的姿勢。雙手叉腰會擴張我們的個人空間，顯示我們想要展現強勢地位。

攻擊前兆

要攻擊別人的人會傳達出幾個肢體語言訊號，例如握緊拳頭、雙腳張開，好讓自己的重心更加穩固。雙腳打開的站姿可以降低身體重心，準備戰鬥。雙手叉腰擴大我們的個人空間，顯示我們想要居於強勢地位。通常，為了要吸入更多氧氣，生氣中的人鼻孔會擴張。生氣的人也可能會展現其他憤怒的特徵，例如臉部發紅。這些敵對訊號會被接收者的大腦判定為具有潛在危險，引發「戰鬥或逃跑」的反應，幾乎不可能是一段正面關係的開始。

攻擊站姿

侮辱手勢

許多手勢可以傳達對別人的侮辱，不利於發展良好關係。其中有些手勢幾乎大家都知道，例如比中指。打算與別人建立良好互動的人是不會運用這個手勢的。問題是，某些手勢在一個文化背景看似「無害」（沒有負面的含義），在另一個文化卻可能被認為是非常不禮貌的。正如同樣的話在不同的文化有各種不同的意義，不同的肢體語言在不同文化也會有不同含義。如果你發現，有人不知為何對你很態度很不好，你可能要想想，是不是你做了任何手勢，可能冒犯到人家。

皺鼻子

皺鼻子跟其他敵對訊號一樣，接收到的人不會用正向的眼光看你，對你接下來傳送的訊號，別人也會比較不願意接受。

皺鼻子

服裝與其他配件

俗話說：「你的毒藥是我的良藥」，這用來描述這個特定的敵對訊號再適合不過。例如，如果你穿著有骷髏頭的皮夾克，手臂上有很多刺青，並戴著有刺的項鍊。不認識你的人可能會因此盡全力避免跟你接觸。這樣的狀況下，你的外表就是敵對訊號。但如果在另一個情況，假如你正好要去重金屬演唱會，剛剛那同一套衣服，可能會被別人視為一個值得注意的友好訊號。因此，你需要運用常識決定，你穿搭的方式會不會被你想認識的人解釋成敵對訊號。

別人跟你穿著風格不同，不代表對方就會覺得你的外表很不ＯＫ，但「物以類聚」這句話在人際互動時還是應該考慮，尤其是互動的兩個人穿搭方式完全不同的時候。

我兒子布萊德利不經意地教我評估別人的穿著，這是很寶貴的一課。在高中時，他有一段時間非常喜愛高級男裝，他把他課後打工的一分一毛全部花在買衣服跟配件上。有一天，我陪著布萊德利到百貨公司買錢包。他在一間高級服飾店，挑著店裡最貴的錢包。他買的那個要一百五十美元。我感到非常震驚。我拿出我的皮夾，提醒他，我的錢包只要二十美元還含稅。他回答說：「不，爸爸，細節才是重點。你可以穿很貴的衣服和鞋子，但如果你從口袋裡拿出一個二十元的皮夾，大家就會知道你只是假裝很有錢。」一段時間過後，我兒子對男裝的迷戀終於停止，他又開始穿回他的破牛仔褲和運動上衣，但是我還是記得他告訴我的話。

從此以後，我更加注意細節。我觀察襯衫的針數。每英吋的針數越高，襯衫的品質越好。高級襯衫的鈕扣通常是四毫米鈕扣。如果一個男人穿著昂貴的西裝，卻戴著便宜的手錶，他就是在假裝很有錢。皮鞋有無擦拭是另一個分辨別人是否在假裝有錢的標準。試圖在別人面前製造形象的人，往往忘記細節，因而暴露他們的本色。

蒙面人是誰？

雖然我們通常是因為醫療或身體因素而需要戴口罩，但戴口罩，尤其是那種會遮住我們口鼻的「外科用口罩」，會被別人解釋為敵對訊號，即使戴口罩的人並沒有這個意思。

戴口罩的人會發出非常強烈的敵對訊號，強烈到我有一個住在紐約市的朋友，就在通勤時戴口罩來保持別人跟他之間的距離，因為紐約的地鐵非常擁擠。他的手法是，先坐在靠窗的位置，他身旁的走道座位沒有人坐。等到有人走近那個空位，他就會轉過頭來讓對方看到他戴著口罩的臉。好幾次，他身邊的座位都沒有人敢坐，一直到車上其他座位都被坐滿為止。

但他可沒有就此罷手。如果有人真的坐在他旁邊，他就開始抽搐、喃喃自語。通常他旁邊的人就會移到別的位置。如果沒有的話，他會從口袋裡拿出藥瓶，很明顯是藥局給的那種藥瓶，拿出一顆藥丸，拉起他的口罩，把藥片丟進嘴裡。很少有人能夠繼續坐在那個位置上。

事實證明，人還是不要造業比較好。有一次，我的蒙面朋友看到有一個男子在車廂裡往他身邊的位置移動，他抬起頭來，好讓這個陌生人看到他臉上的白色口罩，然後轉頭繼續面對窗戶。過了一陣子，他發現對方在他身邊坐下。於是，他開始上演他那齣抽搐和喃喃自語的戲。但是對方還是沒有離開座位。最後呢，我的蒙面朋友就開始演吃藥的橋段。他旁邊的人還是沒有離開座位，雖然身體有些移動。

我的蒙面朋友簡直不敢相信他的計謀竟然失敗了。他轉頭看看到底是怎樣的奇葩還能繼續留在這樣充滿威脅的環境。他看到的是一個也戴著口罩的男子，抽搐著，手裡也拿著一個藥瓶！這景象簡直把他嚇傻了，他毫不猶豫地快速從自己的座位上跳起來，走到另一個車廂。

侵犯個人空間

對於自己身邊的空間，也就是我們跟別人的距離，人類似乎有一定的管理方式。這樣的空間管制，也就是對自己領土的保護行為，人類和其他動物其實都有。我們之所以會有領土概念，是因為許多物種都想要為自己維持特定大小跟質量的空間。如果你不相信領土保護慾真的存在，你可以試試在只有一位乘客的公車或捷運上，硬要去坐在那個唯一乘客的旁邊。但是在某些情況，我們會忍受別人入侵我們的空間，例如在擁擠的電梯或體育賽事現場。

「入侵」別人的空間，不論是用眼神入侵或身體逼近，都是一種強烈的敵對訊號。遇到陌生人時，運用友好訊號的目的是為了說服他們，讓你在進入他們的個人空間時，不會讓他們感受到威脅或被迫。如果你想認識的人覺得你是友善無惡意的，那麼對方就會更願意讓你進入他的私人空間。

個人空間的邊界當然是看不見的，大小也可能因為文化或個人習慣不同而有所改變。例如，曾經受過身體虐待的人通常個人空間比較大，以保護自己不受帶有威脅的人接近。同樣地，曾經受過感情傷害的人可能會對誰可以進入自己的個人空間非常謹慎，害怕感情再次受到傷害。在一些比較嚴重的情況下，受過身體虐待或情感傷害的人，為了保護自己不再受傷，會在自己周圍築起一道牆，沒有人可以爬過這道高牆，也沒人有辦法穿透。

個人空間的大小也會受到居住環境的影響。在人口稠密的社會，因為情況限制，我們會建立比較小的個人空間。相反地，習慣開闊空間的人就會需要更大的個人空間。心理健康狀態也會影響個人空間。泰德．卡辛斯基（Ted Kaczynski），人稱大學炸彈客，住在蒙大拿州的一個孤立小屋裡。他認為在他的小屋半英里內出現的人都是威脅，而且一旦有人「侵犯」了他的空間，他就準備要自我防衛。

因為我們每個人對於個人空間的定義都很不一樣，所以你想跟不認識的人交朋友時，這點就必須注意。發送友好訊號，也接收到對方回覆的友好訊號之後，你要小心地靠近對方，同時觀察他們的肢體語言。如果對方展現出有壓力或負面的反應，例如轉頭背對你，或者是臉上露出不認可的表情，你就要停止靠近對方，直到他或她給你口頭或肢體訊號，告訴你他們已經準備好讓你進入個人空間。

我們通常不會想讓別人佔領我們的個人空間，尤其是停車的時候。當你在一個客滿的停車場一直繞圈，想找停車位，終於看到有人正準備離開時，你會馬上打方向燈宣示佔領這個位置。這就等於在告訴其他人：不要跟你搶，因為這是你找到的停車位。好了，接下來就要上演等車位的戲碼。要把車開出來的駕駛，會在車上慢慢弄他儀表板上的各種裝置，慢條斯理地調整安全帶跟鏡子。你會想問：「到底是在幹嘛，這麼久都不開出來？」答案是他們是這個空間的主人，在他們準備好之前，是不會給你這個位置的。有趣的是，如果沒有人等著要停那個位置，他們就會很快地開走。

狗狗的空間訊號

寵物，尤其是狗，可以提供我們一些保護個人空間的有趣例子。例如，有兩個人第一次去一個朋友家，這兩個人之中有一個人很愛狗，另外一個人討厭狗。愛狗的人看到狗，立刻把注意力放在狗的身上，直視狗的眼睛，還彎腰要摸牠。這個愛狗的人會很意外地發現，狗開始對他咆哮，露出牠的牙齒。另一方面，那個討厭狗的人會跟狗保持距離，也不會有太多眼神接觸。但這個討厭狗的人卻會很懊惱地發現，狗會想要接近他，嗅他身上的味道，非常想要得到他的注意。

狗對這兩個陌生人的反應，看似違反常理，但是從個人空間的角度來看，就可以看出其中道理。愛狗人士靠近狗，侵犯了狗的身體空間，而且還蹲下來直視牠的眼睛。狗和我們一樣，都會覺得直視雙眼是一種威脅（敵對訊號）。狗會認為愛狗人士帶有潛在威脅，因此就會表現出敵意，以保護牠的個人空間。隨著彼此漸漸熟悉，愛狗的人最後還是會被狗接受。反而討厭狗的人選擇忽略狗，因此不對狗威脅。狗沒有察覺到實際或潛在威脅，就會對陌生人感到好奇。為了滿足牠天生的好奇心（就是引起佛拉迪彌爾跟我說話，也引起海鷗注意查爾斯的那個好奇心），狗就會靠近討厭牠的人。

從腳尖看出端倪

好了，你現在學會友好和敵對訊號的知識，也學會與陌生人互動時，要傳達什麼訊號或者要尋找什麼訊號，好躲避或吸引對方。也許你甚至已經在鏡子前面練習你的肢體語言了。但在真正開始與任何人說話之前，還有一件事要考慮：如果你的目標不是自己一人，而是正在跟別人互動，你如何加入他們，開啟對話？你應該什麼時候加入他們的話題，開始說話？

有些時候你會無法回答上述這些問題。例如，在一些工作場合或者是社交場合，大家都坐在桌子邊或者在屋子裡走動時，你要無縫加入別人的對話是很困難的。但是如果有兩個以上的人站在一起講話互動，那麼你就可以觀察他們的腳來決定現在是否是加入這群人的好時機，或者是你應該要等等再接近。這是因為觀察腳的位置提供我們線索，看出這一組人是否接受新成員加入對話。

如果一群人圍成一個半圓，大家的腳指向圓的外側，那就是一個訊號，代表他們願意接受新的成員。如果一群人圍成一個封閉的圓圈，就代表他們不會接受別人加入他們的對話。

如果你看到兩個人是面對面，腳尖也指向對方，他們就是在向其他人表示，這個談話是私密的。你最好離遠一點，因為他們不想被外人打擾。另一方面，如果兩個人都面對著對方，腳尖卻歪斜向外，這就造成一個「開口」，傳達他們願意別人加入談話的訊息。

腳的位置暗示私密談話。

腳尖向外，邀請別人加入談話。

當三個人面對面，腳尖都向內，形成一個封閉的圓形，他們就是在傳達肢體訊號，不希望外人加入這個對話。

相反地，如果三個人面向彼此，但是卻站成一個比較大的圓，讓空間更大，這樣就是在傳達他們願意別人加入他們的談話。

你要做的事就是要辨識哪些人會歡迎別人加入對話，然後就可以靠近他們。你可以在走向他們之前或在走向他們的同時，傳送友好訊號。記住，我們的大腦會一直掃描我們的周遭環境，尋找友好或敵對訊號。如果你傳送出敵對訊號，你要靠近的那群人感受到威脅，就會想要防衛自己，或者對你的靠近產生敵意。如果這群人看到你眉毛閃動，頭部傾斜，還面帶微笑，這些友好訊號就會讓他們覺得你很友善，也比較願意讓你加入他們。

當你到那群人的身邊時，你要很有自信地站到那個空出來的位置上。有自信的人跟沒有自信的人比起來，更討人喜歡。就算你其實沒什麼自信，你要假裝得越像越好。但是有自信跟驕傲只有一線之隔。你可不要自信過頭！

等你進入這組人空出來的空位，你要先仔細聽大家在講什麼，等到對話暫停時你再開口說話。你在聽大家說話時，可以微微點頭。點頭代表同意對方說的話，或者對他說的話有興趣，也傳達出你有自信而不驕傲。驕傲的人通常不是很好的聆聽者。這群人雖然願意接受新成員加入對話，

不歡迎外人的談話。

這組人腳尖斜向外，代表他們願意別人加入他們的聊天。

但沒有人會喜歡新來的人隨便打斷他們的對話。當話題正好暫停或結束時，你就可以趁機介紹自己或者是加入對話。

你可以試著尋找你跟這群人是否有共通點。尋找共通點（類似的興趣、背景、工作等等）是建立關係最快的方式，讓你發展友誼的過程更加快速。我們會在下一章詳細討論建立關係的技巧。如果在貿易展覽或在研討會上，你跟別人就可以立刻找到共通點，因為在那個場合的人都有相同興趣，不然他們就不會去了。

如果無法立刻找出共通點，最方便的話題就是音樂。大家都喜歡音樂。就算大家喜歡的音樂種類不一樣，但音樂種類之間的不同或相似之處都可以引起熱烈討論，不會引起爭執。你不會想跟別人討論可能引起強烈意見或潛在對立的話題，因為這樣對於培養剛建立起的友誼不會有幫助。

若你在同樣的地方再次看到剛剛認識的人，你可以叫他們的名字。這對他們會很有意義。多有意義？戴爾・卡內基說：「名字對一個人來說是任何語言中最悅耳、最重要的聲音。」我們都希望人家記得我們。記得對方的名字會讓他覺得自己很重要，受到認同，也顯示出你在乎他。你記得的事就是你在乎的事。

對話連結術

遇到之前見過的人，你就可以運用對話連結術。所謂對話連結術就是指運用先前對話的一些內容，來開啟接下來的對話，可以是上一段對話中你跟對方分享過的話、笑點、動作，或其他獨特的東西。運用對話連結術巧妙地傳達訊息，讓對方知道你跟他不是第一次互動，你們有共同興趣而且也彼此熟悉。

對話連結術同時也讓你繼續上次對話時建立到一半的友誼。這會讓你跟對方的親密度上升，不用重新再認識一次。

從腳尖看出端倪（單人版）

如果你看到有人獨自站著，腳尖對著門口，那很有可能代表他們想離開，只是還沒採取行動。這就讓你可以有機會靠近那個人，傳達友好訊號，接著說一些表示同理心的話（下一章會討論），例如：「你要走了喔？」或是「你是不是覺得無聊？」你可以這樣推測，因為你觀察到對方的肢體動作傳達出他內心的感受。或者你也可以走向前，然後就說「你是自己來的嗎？你覺得這裡（或這個活動）怎麼樣？」有希望的話，對方可能就會回答你的問題，然後你就可以運用他的回答繼續聊下去，看看後來的發展如何。

螢火蟲的下一步：培養友誼

不管是結交朋友或樹立敵人，通常會從一開始的視覺接觸繼續往下發展。我們這章討論了可以傳達給別人的許多肢體訊號，也討論了這些肢體訊號對我們跟別人的關係會有怎樣的影響。因為別人總是先看到我們，才會有機會跟我們說話，我們的肢體語言就像是電影的預告片一樣，讓看到的人可以預先知道他們可能會看到什麼樣的電影，也幫助他們決定這部電影是不是他們想看的。

聚光燈效應

如果有效地運用友好訊號，你就為接下來良好的互動設下了基礎。得到對方的注意，同時也說服他們用正向的態度看待你，是交朋友很重要的第一步。但是你要注意不要受別人的目光影響。刻意傳送友好訊號或敵對訊號是需要練習的。其實我們本來就會無意識地傳送這些肢體訊號，但是你現在已經學到這些訊號，也知道這些訊號的存在，你就會開始注意其他人是否在傳送或者接收這樣的訊號，有時候你也會發現你自己正在對別人傳送訊號。

為了要有意識地模仿這些你無意識中輕鬆自如傳送的訊號，你一定要克服聚光燈效應。聚光燈效應就是你想要偷偷做一件事，但是因為你的目的是想要影響別人，你就會覺得大家都知道你在打什麼主意。這樣讓你的動作很不自然，讓你傳送出的訊號沒有說服力。最後，別人就不會相信你的行為。

聚光燈效應的最佳例子就是說謊者的行為。說謊的人覺得別人可以看穿他的謊言，雖然對方其實完全不知道他要騙他。這樣就會讓說謊的人傳達出說謊時會有的語言或肢體訊號，讓對方發現他在說謊，或者至少開始懷疑他說的話。

你剛開始想要有意識地運用友好訊號時，可能也會發生同樣的狀況。你其實平常早就無意識地在運用這些訊號，但是你剛開始有意識地想要傾斜頭部或運用眉毛閃動來接近別人時，你就會覺得大家知道你表現得有點尷尬。聚光燈效應影響了你，讓你的行為好像是裝出來的，你的歪頭跟眉毛閃動變得很怪，然後你就暴露了你的意圖，讓你真的變得很尷尬，無法跟別人成為朋友。如果你想要避免聚光燈效應，你至少要先知道它的存在。

現在你知道了。

個人空間雙人舞

在我的 FBI 生涯中，我去過許多會議跟派對。有一次，我跟一個行為分析部門的同事去了一個會議前的暖身派對，那種讓與會者互相認識的社交場合。那個派對有點無聊，所以我跟我的朋友決定要來玩「個人空間大賽跑」作為消遣。

遊戲規則是這樣的：我們各自選出幾個來參加派對的人，每個人跟門的距離都要一樣。比賽的目標是要讓這些被我們選出來的人跨過門檻，但是他們不能意識到自己正跨過門檻。我們一開始就上前跟各自的目標閒聊，保持著安全距離。因為我們知道，大家下意識都會想要跟說話對象維持一個自在的距離，所以我們在跟對方講話時，用不著痕跡的方式偷偷向對方靠近。我們跟對方的距離變近了之後，他們會不自覺地往後退，以維持個人空間。我們會繼續偷偷向對方靠近，直到他跨過門框。第一個成功的人就獲勝。有一次，我讓我的目標一直後退，一直退到飯店大廳，他都沒有發現。等他發現的時候，他驚訝地說：「天啊！我們怎麼會在外面？」我就聳肩笑了一笑。

學習友好或敵對訊號的第一步，就是要觀察其他人如何自然地展現這些訊號，同時也觀察你自己傳送的訊號。模仿友好訊號時，你要試著複製出你自己自動傳送友好訊號時的感覺。

磨練這些技巧的最佳地點就是走在路上時、在逛街時，或任何其他公眾場合。當別人靠近你時，傾斜你的頭部，跟對方四目相接，然後微笑。看看對方的反應會是什麼。如果對方對你閃動眉毛，伴隨著微笑，就代表你成功傳達友好訊號了。如果那個人臉上的表情很奇怪，或者是用「變態，離我遠一點」的表情來看你，你可能就需要再多加練習。練習久了，你應該就可以看出別人對你傳送的友好訊號會比較有反應。繼續練習，到最後，你甚至不需要去想如何傳送這些訊號，也不需要想到底該傳送些什麼，這些都會被你內化。

學習新技能，或者是讓已經學會的技能在實彈演練時看起來更加真實，需要很多練習。你在練習傳達這些訊號時，可能會遇到一些事情，讓你覺得氣餒、想放棄，譬如說覺得很糗、無法立刻學會、覺得喪氣。這些都是正常的反應。科學家在研究人類學習新技能的時候發現，很多人在剛開始學習時，都會經歷過所謂的「撞牆期」。在這段期間，我們運用新技巧時覺得很不自在，如果這些技巧沒有想像中有用，我們就會覺得很喪氣或者是很糗。所以我們就不願意繼續練習，選擇放棄。

你可不要變成這樣的人！要撐過這段撞牆期，要有信心，只要肯花時間、肯努力，終究會練就一身絕技。等你跟別人建立成功的關係，這些學習時的挫折與不自在，就都會值得了。到這個時候，你應該已經很會微笑了，不管是有意識地控制微笑還是開心地想笑。

犯錯是人之常情，而且犯錯也會讓大家喜歡你

在我的演講開始之前，我會故意犯幾個無損我專業形象的小錯，例如把字念錯，或者是在白板上寫錯字。聽講的人會立刻指出我的錯誤。我會一邊表現得很不好意思，然後欣然接受聽眾的指正，並且誇獎大家很認真聽。

這個技巧可以達成幾個目標。首先，聽眾會開始對自己感到滿意，這樣就讓我跟大家之間的感情拉近。第二，聽眾比較可能會在接下來的演講中跟我互動，他們會覺得犯錯是可以的，不會擔心在我面前顯得很蠢。畢竟，演講者都已經犯錯了，他們犯個小錯沒關係。第三，我犯錯會讓大家覺得，我也是人，也會有錯。大家喜歡講者有一定的專業度，但是又跟大家一樣，有「人」的特質（這就是我們第四章會講到的相似法則）。

觀察與學習

低頭滑手機，戴耳機聽音樂，會讓你無法接收或傳達友好訊號。缺乏跟別人互動會減少你練習社交技巧的機會，也讓你比較少觀察別人。

觀察與學習別人的社交技巧其實很容易。你只要去一間餐廳，坐著看看別人就好了。大家在吃東西或者是喝飲料時，交談會比較自在。你可以觀察附近戀人的肢體動作，看看你是否有辦法分辨情侶間的感情狀況跟強度。

戀人關係

當有兩個人一起走進餐廳時，你可以透過觀察肢體訊號，看出這兩個人是否是情侶。牽手就是戀人的指標。牽手時沒有十指交扣的情侶，跟十指交扣的情侶比起來，關係比較不親密。情侶在餐廳裡坐下之後，接下來有幾個動作可能會出現：桌上的擺飾、立式菜單，或調味罐會被放到桌子的一邊；互相眉毛閃動；視線接觸的時間會比較久；微笑；傾斜頭部；讓身體前傾，靠近彼此；模仿彼此的動作；牽手；講話時會自在地運用手勢；低聲講悄悄話，示意他人這是私密談話，不歡迎外來者插話；分享彼此的食物。這一系列的動作不會有順序，或者有可能會被服務人員打斷，但是你一定會在這對情侶用餐時，觀察到上面這些肢體訊號。

破裂的感情

兩人的感情關係緊張也很明顯可以觀察出來，因為良好關係裡戀人會表現的肢體訊號，不會出現在破裂的感情關係裡。關係不佳的情侶不會有眼神接觸，笑容也很勉強。講話的時候兩個人或其中一人，會經常看著自己的盤子。兩人的頭部會保持垂直，眼睛可能會往別處飄，尋找別的刺激。他們不會互相模仿彼此的姿勢，身體也不會向前傾，甚至還會往後倒，離彼此遠一點。

不對等關係

要看出兩人之間，誰對對方比較有興趣，誰又比較沒有興趣，其實不難，只要看看兩人的肢體動作就可以了。有興趣的人會表現出上述戀人關係會出現的肢體訊號，但是另一個人就會表現負面的肢體訊號（也就是敵對訊號）。

恬靜的戀人關係

已經在一起很久的戀人通常會表現出類似關係不良或者是關係破裂的肢體訊號，但是並不是一定會這樣。在一起很久的人，對於彼此對感情的投入和承諾有信心，不需要一直傳送訊號來提醒彼此這件事。在彼此身邊時，他們很放鬆也很自在，不擔心會被背叛或者被拋棄。觀察達到這種境界的情侶互動，是一件很美好的事。

這種觀察與評估戀人關係的訓練，也可以運用

男性傳達出對女性有興趣的肢體動作，女性則沒有。

在公司之間合作簽約時、看到別人想要搭訕其他人時，或者是朋友之間喝酒吃飯時。觀察別人的重點在於訓練自己的觀察技巧，讓自己對於他人的互動更加敏銳，進而幫助你精準判定別人傳送的訊號。如果你很常練習，你的評估技巧就會內化，讓你變成一個更會溝通的人。

第三章　友誼的黃金守則

對別人真誠感到興趣，兩個月就可以交到很多朋友；
只想要別人對你有興趣，兩年也交不到什麼朋友。

——戴爾．卡內基（Dale Carnegie）

上一章講到的友好訊號可以在你跟別人培養感情時，幫你打好基礎。他們的功能就像是大咖上台表演前，會先有一些比較沒有那麼有名的人先做暖場表演，在主角上場前先炒熱觀眾氣氛。只要先正確運用這些訊號，等你決定上前跟目標講話時，對方會比較願意跟你互動。那我們先假設，你選擇上前跟你有興趣的對象講話，然後呢？這時你就要面對「關鍵時刻」了。

關鍵時刻大成功

很多年前，有一個商人叫傑恩．卡爾森，他受任為快要倒閉的斯堪地那維亞航空公司執行長，上頭要他完成一個艱鉅的任務：讓公司賺錢。結果他達成目標的速度之快，讓他的這個成就，變成了所有討論企業如何起死回生的案例聖經。

他是怎麼辦到的？他給第一線的員工權力，立刻處理客人的問題，不需要再去跟上級確認。這樣客人的滿意度、員工的道德標準、還有企業的盈利，全部都提高了。這是一種雙贏狀態。

卡爾森的處世哲學跟商業策略有趣的地方在於，他把互動變成兩個人之間的事。他認為這就是一個「關鍵時刻」，因為這個時候會形塑客人對這間航空公司的觀感，決定他們之後是否會繼續搭乘斯堪地那維亞航空。卡爾森說：「去年我們的一千萬名乘客，每個人平均跟五位工作人員有過互動。這五千萬個關鍵時刻，就是未來決定斯堪地那維亞航空成敗的關鍵。在這些關鍵時刻，我們需要向我們的顧客證明，斯航是他們搭飛機時的首選。」

你第一次跟別人互動時，也有這種關鍵時刻，會左右你們將來的關係如何發展。這個人會不會把你當作朋友？還是把你當作敵人？**友誼的黃金守則：如果你想讓別人喜歡你，就要讓他們對自己感到開心滿意**。這個守則可以是一個決定性的因素，影響他人用正面或負面的眼光看待你。

友誼的黃金守則跟等一下我們會提到的一些技巧不一樣，這些技巧只有在你建立長期關係時才會用到，但友誼的黃金守則是所有成功關係的關鍵，不管關係長短。

千萬不要低估這個守則對交朋友的影響。我身為FBI探員，常常需要與別人互動，引導他們提供機密資訊、成為間諜，或者讓犯人坦承認罪。成功完成這些艱難任務的關鍵，就在於我可以讓別人不只喜歡我，還會信任我的能力，很多人甚至把生命交到我手上。菜鳥探員一開始最困擾的就是不知如何讓別人喜歡他，不知如何磨練這個技巧。很多探員會來請教我，要我教他們如何讓別人立刻喜歡自己。我給他們的祕訣都是一樣的：如果你想讓別人喜歡你，就要讓他們對自己感到開心滿意。你要把你的注意力放在你的目標上。這聽起來很容易，但是就算對專業探員來說也需要練習。如果你讓別人對他們自己感到滿意，他們就會把這樣的正面感覺歸功於你，是你幫他們的。大家都會想要靠近讓自己快樂的人，避免讓自己痛苦或者不舒服的人接近自己。

如果你每次跟別人在一起時都讓對方對自己感到滿意，他就會積極地想要再見到你，想再度感覺那些正向的情緒。而阻礙我的探員同伴們達成這個目標的絆腳石，就是我們大家都會有的自尊心。我們的自尊心會阻礙我們練習這個友誼的黃金守則。大部分的人都覺得世界是繞著他們旋轉的，他們應該得到大家的注意。但是如果你要讓別人覺得你很友善、很有吸引力，你就要放棄這樣的自尊心，轉而注意另外一個人的需求跟狀況。對方就會因此喜歡你，因為你的注意力焦點在他們身上，而不是在自己身上。

想想看：其實我們很少用這個威力十足的守則，讓別人覺得我們更有吸引力；同時，也少了許多機會讓對方對自己的感覺更好，這實在是很可惜。我們太常把重點放在自己身上，而不是放在我們遇到的人身上。我們把自己的需要、慾望，放在別人的需要、慾望之前。這件事諷刺的點在於，其實只要別人喜歡你，他們會忙著想要滿足你的需要跟慾望。

運用同理心句型

同理心句型把談話的重點放在對方身上，而不是你自己身上，這是讓別人對自己感到滿意最有效的辦法。把重點放在另一個人的身上有點困難，因為人類天生就是自我中心，覺得世界是繞著我們轉的。但是，如果每次你跟別人說話時都讓對方感到愉快，你就可以成功達到友誼黃金守則的目的，大家就會喜歡你。

傳達同理心的話，例如「你今天好像心情不好」，或是「你今天看起來很開心」，會讓別人覺得你有認真傾聽他們說的話，在乎他們過得好不好。這樣的關注會讓對方感到開心，開始喜歡那個給予他們關注的人。

傳達同理心的話也完成對話的循環。當別人說了一句話之後，他們會期望對方回饋，這樣他們才知道別人有沒有聽到或聽懂他們說的話。用類似的語言來回應對方，能作為彼此對話的完結。如果對方知道自己的訊息有成功傳達，就會覺得比較開心。

要講出同理心句型，你需要先仔細聽別人說話。仔細聽別人說話會讓別人覺得你真的對他有興趣，也聽懂他說了什麼。

同理心句型的基本句型就是「所以你……」。同理心句型有許多種，但是這個基本句型可以幫助你養成把重點放在別人身上的習慣，而不是一直把重點放在自己身上。簡單的同理心句子有：「所以今天這樣你變開心的吧」或者是「所以你今天過得不錯囉」。我們很自然地會想要說：「我懂你的感覺」，但是如果這樣說，另外一個人就會覺得：「你才不懂我的感覺，你又不是我。」基本句型「所以你……」可以讓對話重點留在對方身上。例如說你搭電梯時，看到有一個人在微笑，看起來很開心。你就可以很自然地說：「所以你今天事情都變順利的吧？」呼應他們傳達出來的肢體訊號。

在運用同理心句型來達成友誼黃金守則的目標時，要注意不要完全重複對方說的話。我們很少會一字不差地重複別人說的話，所以重複他人的字句會被聽者的大腦認定為是奇怪的行為，進而產生防禦反應。這是我們使用同理心句型時，最不想要對方有的反應。一字不差地學別人講話，也可能會讓別人覺得你在嘲諷或鄙視他。千萬不要這麼做！

同理心句型會將對話焦點集中在對方身上，讓他們對自己感到滿意。運用同理心句型是一個簡單卻有效的技巧，讓別人想要跟你當朋友，因為每次他們跟你說話，你都讓他們覺得很開心。最棒的是，別人不會知道你在運用這個技巧，因為他們會自然地覺得自己就是應該要得到別人的注意，也不會覺得你的行為很奇怪（也就是說同理心句型可以通過大腦訊息處理底線，不會引起任何注意）。一旦你學會運用同理心句型的基本句式，你就可以開始使用更難的同理心句型，而不需要再繼續用「所以你……」。

我們來看看如果運用我們目前講過的技巧，兩個人之間的對話會怎麼進行。班運用友好訊號，對跟朋友在吧台旁聊天的維琪傳送了肢體語言的邀請。維琪也用肢體語言接受了邀請。等班靠近維琪時，他注意到她跟朋友們一起大笑。

班：「嗨，我是班，妳叫什麼名字？」

維琪：「嗨，我叫維琪。」

班：「所以妳今天玩得蠻開心吧？」（基本同理心句型）

維琪：「對啊，我最近真的很需要出來好好地玩。」

等你學會運用基本句式來創造同理心句型，你可以挑戰運用更難的同理心句型，而不需要繼續用「所以你……」。我們再來看看班跟維琪的對話，如果運用比較難的同理心句型會怎麼樣。

班：「嗨，我是班，妳叫什麼名字？」

維琪：「嗨，我叫維琪。」

班：「看來妳今天玩得很開心唷。」（複雜同理心句型）

維琪：「對啊，我最近真的很需要出來好好地玩。」

班：「那妳最近應該很忙吧。」（複雜同理心句型）

維琪：「對啊，我已經連續三個禮拜，每週都工作六十個小時，終於弄完一個大案子。」

不管是基本或複雜句式，班都有發現維琪在微笑跟大笑出聲，這兩個肢體訊號表示她玩得很開心。班運用她的情緒狀況來建構同理心句型，達到了幾件事。第一，他向維琪表示他在乎她的感受。第二，他把對話的重點放在維琪身上。第三，維琪的回覆讓班知道接下來要講什麼。維琪回覆：「對啊，我最近真的很需要出來好好地玩。」表示她這週或最近有某種程度的壓力。班不知道維琪為什麼有壓力，但是他可以運用同理心句型來詢問維琪原因，又不會侵犯到她。如此一來，班就繼續讓維琪成為他們對話的重點，讓維琪知道班對她跟她的感受很有興趣。維琪不會知道班正在運用一系列同理心句型，因為這樣的行為會被大腦認定為「正常行為」，不會讓維琪起疑，也不會引起她的防備。重點是，維琪自認為她本來就應該是對話的重點（我們都會這樣認為），班很專心地關心她的事，會讓她很開心。讓她感到開心，會讓她喜歡班的可能性提高，也就達到了友誼黃金守則的目的。

運用同理心句型讓對話繼續

不知道要說什麼的時候，也可以運用同理心句型。我們都最怕對方講完了，我們卻還沒想到接什麼，這會讓對話變得很尷尬。如果你不知道要說什麼，你就可以運用同理心句型。你只要記得對方剛剛說的那些話，然後用這個資訊來創造一個同理心句型。對方就會繼續這個話題，讓你有時間想一些有意義的回答。不知道要說什麼的時候，運用同理心句型比亂說一些不適合的話好太多了。你要記得，對方不會知道你在運用同理心句型，因為這些話會被對方的大腦認定為「正常」，並不會被注意。

讚美與奉承

讚美跟奉承之間只有一線之隔。奉承這個詞跟讚美比起來，比較有負面意涵。奉承通常會讓別人覺得是假的讚美，是為了滿足一己的目的，而用來控制、利用別人的工具。讚美的目的則是要讚揚別人，認可他們的成功。當兩人的感情正在發展的時候，讚美能讓兩人更加親密。讚美表示另外一個人依然對你以及你擅長的事有興趣。

當一段關係剛萌芽，而我們想運用讚美來培養感情的時候，其中一個比較危險的地方在於，我們還不夠認識那個人，所以我們的讚美聽起來會很不真誠。不真誠的讚美聽起來就跟奉承沒兩樣了，也會讓對方覺得你很假，對你印象不好。畢竟，沒有人希望有人利用他，或者對他說謊。我們都知道我們擅長什麼、不擅長什麼。如果你告訴別人他們很會做某件事，但他們自己心知肚明根本不是這樣，他們就會開始懷疑你的目的，因為他們發現，你對他們的讚美跟他們的實際表現有差距。

其實，要讚美別人，有更好的方法。這個方法就是讓別人自己讚美自己。這樣就能讓你避免看起來很不誠懇。當別人自己讚美自己的時候，誠不誠懇就不是問題了。其實大家都很喜歡自己讚美自己，而你就非常貼心地提供對方這個機會啦。

讓別人自己讚美自己的關鍵，在於建立一個對話幫助對方認知到自己的特色或是成就，然後不動聲色地誇獎他們。當別人自己誇獎自己的時候，他們會對自己感到滿意，根據友誼的黃金守則，別人會因為你提供了讓他們對自己感到滿意的機會，而開始喜歡你。

我們再來看班跟維琪的關係發展。班現在要建立一個讓維琪誇獎自己的機會。

班：「那妳最近一定很忙吧。」（複雜同理心句型）

維琪：「對啊，我已經連續三個禮拜，每週都工作六十個小時，終於弄完一個大案子。」

班：「處理重要的案子要有很大的決心跟努力耶。」（讓維琪可以自己誇獎自己的話）

維琪：（想了一下）「我的確為了這個案子犧牲了很多，而且我應該還算做得不錯。」

注意這裡班其實沒有直接告訴維琪說，他覺得她是一個很有決心跟努力的人。但是維琪會覺得自己有這些特點，然後把這些特點套用在目前的工作狀況上。就算維琪不覺得自己是一個很努力、很有決心的人，對維琪跟班的關係發展也不會有害。因為班說的是事實，不管維琪覺得自己怎樣。所以最慘的狀況只是班說的話沒有引起維琪注意，最棒的狀況就是班說的話讓維琪對自己感到滿意，也會對班印象很好。就算維琪其實不是一個肯努力、有決心的人，她也會自然而然地把這些良好的特質加在自己身上。很少人會願意對別人承認自己是一個懶惰沒有決心的人，更別說對自己承認了。

第三者讚美

你可以透過第三者的讚美來誇獎你的目標，不用自己動口，但是還是可以得到「功勞」，讓目標對自己感到滿意，也讓他們更喜歡你。你直接讚美別人的時候，尤其是讚美那些覺得你可能有企圖的人（例如：你的約會對象、老闆、或朋友），他們通常都會把你說的話打一些折扣，因為他們懷疑你刻意奉承，想影響他們。透過第三者的讚美，就可以消除這些疑慮。

要運用第三者讚美，你需要找一個共同朋友，這個人要認識你也認識你的目標，然後你要確定這個第三者會願意把你的誇獎傳達給你的目標。如果訊息傳達成功了，下次你看到你的對象，他就會用正面的眼光看你了。看看下面這個情境，假裝你是馬克。

邁克：「我前幾天遇到馬克，他說他覺得妳很聰明。而且，他覺得妳是他遇過最有能力、最會解決問題的人。」

桑雅：「是喔，真的嗎？他這樣說？」

邁克：「對啊，他跟我說的。」

從邁克這邊聽來的讚美，跟從你（馬克）身上直接聽到的讚美，桑雅會比較快相信邁克說的話。而且，在剛認識對方時，有一些話你並不方便直接當面告訴他，但邁克就可以自由地告訴桑雅你到底說了些什麼。如此一來，你就透過邁克的第三者讚美，讓桑雅對自己感到滿意。不管你們現在是沒見過面，還是已經開始有互動，都讓她比較有可能會喜歡你。

第三者讚美除了在情場上很好用，在職場上也很好用。舉個例子：FBI的任務經費很難爭取，因此並不是每一個提案都能得到補助。要讓我的提案得到贊助，我就會運用第三者讚美。

在我要去跟新來的副局長提案報告前幾週，我就去找出辦公室裡最愛八卦的人，然後若無其事地告訴他，我們的辦公室現在真的很需要像這樣知道自己在幹嘛的副局長。我也會提到新來的副局長是一個聰明人，對於我們任務的策略很有洞見。在八卦界，資訊就是金錢。對愛八卦的人來說，他們得到價值的方式就是，把他們得到的資訊傳給有興趣聽到的人。所以囉，老闆很快就會從別人耳中聽到我對他的評論，而且他就比較可能接受這個恭維，認為既然我是對別人說的，就是誠懇的。而且，我那時正在進行現場調查，也無法親自接觸到副局長。

等副局長看到我的提案，他就比較有可能同意，因為他知道我有多敬重他。我讓他對自己感到滿意，完成友誼黃金守則的目的，而且我做得一點痕跡都不留。第三者讚美是在正常行為的界線內，也會通過別人的大腦領域偵測，不會引起注意。我沒什麼好損失的。如果我的策略失敗了，也不會有什麼負面影響。但是如果這個策略成功了，就可以達到我想要的結果。結果呢，我的提案大部分都有拿到經費。

初始效應

言語無法改變現實，但可以改變人們看待現實的方式。單單一句話就能讓別人喜歡或討厭你。

看看這個例子：你的朋友凱文在你見到你的新鄰居比爾之前，告訴你一些他的事。凱文說：「你的新鄰居比爾不是一個可以信任的人。說真的，你跟他在一起真的要提防一些。」等你第一次見到比爾的時候，你會怎麼看他呢？這時你已經被凱文的話影響，你會認為他是一個不可信的人，這就是行為學家所說的「初始效應」。如果朋友跟你說，你等等要見到的那個人很不可信，你就會用不信任的目光去看待那個人，不管對方是不是真的不可信任。因此，那個人說的話或做的事，在你眼中就會變得很可疑。

同樣地，假如你的朋友凱文跟你說，你的新鄰居比爾「人很好，很會聊，也很幽默。你一定會很喜歡他。」那你又會怎麼看比爾呢？你很可能就會覺得比爾很友善，不管他實際上是不是真的很友善。

因為別人的評論（尤其是來自你尊敬或你喜歡的人）造成你對另一個人產生負面或正面觀感，這樣的狀況是有點難克服，但不是不可能。你越常跟「不能信任的」比爾在一起，同時沒有遇到任何讓你真的覺得不能信任他的事，你就越有可能覺得他其實是可信的，初始效應對他造成的負面印象因此得以扭轉。但是你其實不太可能會給這個被標誌為「不可信任」的人機會，讓他證明他其實是可以信任的，因為一旦你心中出現負面想法，你就不太會想再看到他第二次。

如果你見過「人很好」的比爾很多次，然後並沒有覺得他人特別好，你通常會為他的不友善找藉口。例如：「他今天一定是心情不好。」或者「我一定是在他狀況不好時遇到他。」一個其實不怎麼友善，卻被別人說成人很好的人，會因為初始效應得到一些優勢，因為我們會給這個不友善的人許多機會，讓他證明他很友善，就算他的表現並非如此。

正因為初始效應影響人如此深，我們才應該好好運用它來建立友誼，或者是讓別人用我們想要的角度來看我們。

我常常在質詢嫌疑犯時運用初始效應。記得有一次，我們在質詢一個銀行搶劫嫌疑犯。我跟另外一位探員與這個嫌疑犯一起坐在質詢室裡面。剛開始質詢時，我的夥伴說要離開一下，他必須打個電話。其實他離開現場是我們計畫的一部分，讓我可以跟這個嫌疑犯獨處，這樣我就可以跟他單獨說話。

我告訴這個嫌疑犯：「你很幸運，遇到我的夥伴來質詢你。他很誠實也很公正。他會從你的角度來看事情，不會有偏見。」然後我就坐好，等我的夥伴回來。過了一陣子，在他還沒回來之前，我又說：「我的夥伴真的很神奇，我想他之所以有辦法很公正，是因為他根本就是人體測謊機。我不知道他怎麼辦到的，但只要有人說謊他就是會知道。不管是什麼事、什麼人，他就是知道。」我說這些話的意義是，我要讓我的目標用這樣的眼光來看我的夥伴。我運用了初始效應來影響嫌犯對我夥伴專業技術的評斷。

等我的夥伴回來之後，他知道現在要保持沈默，而我負責詢問嫌疑犯：「你有搶銀行嗎？」如果嫌犯說沒有，我的夥伴就會做出一個「少來了」的表情，用懷疑的眼神看他。

結果呢？當我問：「你有搶銀行嗎？」他說：「沒有」。我的夥伴就用懷疑的表情說了一句：「什麼？」接下來，我真的沒有騙你們，這個嫌犯就把手往桌上一拍，然後說：「靠，他真的知道！」然後就認罪了。

要影響別人時，初始效應再好不過了，但是要注意，初始效應是兩面刃。如果不小心，初始效應可能會影響你對別人行為的判斷，讓你做出不正確的解釋。

我剛開始當FBI探員時，就曾吃了初始效應的虧。我被指派要去質詢一個嫌犯，我同事告訴我，他綁架了一個四歲的小女孩。在跟這個嫌犯講話之前，我的想法已經受我同事的話影響，等到我真的見到嫌犯的時候，我已經認定他就是綁架犯。因此，他說的每一句話或做的每一個動作，在我看來都很可疑，就算有許多證據證明他是清白的。

我越給嫌犯壓力，他越緊張，不過不是因為他真的做了壞事，而是因為怕我不相信他，他會因此要為了一件他沒做的事去吃牢飯。他越緊張，我越覺得我的判斷是對的，他就是綁架犯。當然，那次面談完全失控了。結果等真的綁架犯被抓到時，我真的恨不得挖個洞鑽進去。

下次你在面試別人、認識新同事、買一個新產品前，想想看你自己對那個人或產品的判斷是怎麼產生的。很有可能你的觀感已經受到初始效應影響了。

從別的辦公室調來的員工，是否會受新辦公室員工的歡迎，取決於他在前一個辦公室的名聲，就像你會覺得你新買的牙膏一定好用，因為五個牙醫之中就有四個推薦這個牙膏。

初始效應是很強大的。你要謹慎運用。

請求別人協助

我們的老朋友班傑明．富蘭克林，那個在一百元美鈔上的傢伙，曾說過一句話：如果他請他的同事幫忙，那麼他的同事就會比較喜歡他。這個效應後來就被我們稱為富蘭克林效應（這一點也不意外）。

乍看之下，這個效應有點不合邏輯。不是應該是你要比較喜歡那個幫你的人嗎？怎麼會是他比較喜歡你呢？事實是，當我們去幫別人忙的時候，我們會對自己感到滿意。友誼的黃金守則說，如果你讓別人感到開心滿意，他們就會喜歡你。所以請別人幫你忙，這件事不只跟你有關，也跟這個幫你忙的人有關。

但是要注意：不要濫用這個技巧，因為富蘭克林也說了：「客人就像魚一樣，三天就會開始發臭。」太常要求別人幫忙的人也是這樣！

讓我們回到班跟維琪的情境。他可以在跟維琪對話時，運用這個「請求幫助」的技巧。

班：「處理重要的案子要有很大的決心跟努力耶。」（讓維琪可以自己誇獎自己）

維琪：（想了一下）「我的確為了這個案子犧牲了很多，而且我應該還算做得不錯。」

班：「維琪，你可以幫我一個忙嗎？幫我看著我的飲料，我去一下廁所。」（請求幫忙）

維琪：「好啊，沒問題。」

班稱呼維琪的名字（還記得大家都喜歡聽到自己的名字，而且也喜歡別人記得他們的名字嗎？），然後請維琪幫他一個小忙。這些小動作可能讓維琪更喜歡班，因為大家在幫別人忙時都會對自己感到滿意。

運用多種技巧，讓感情更深厚

你可能會依照實際情況，運用這本書裡的一個技巧或幾個技巧的組合來交新朋友。一次運用好幾個技巧的好處就是，這些技巧結合起來，會讓友情更加容易建立。我們舉個例子，來看看美國軍人如何運用初始效應、友誼公式跟第三者讚美，把那些對美國人有敵意的人變成朋友。

身為一個外國人，在別人國家進行軍事行動，還要獲得當地居民的芳心是一件很難的事。在異地打仗的士兵，因為他們的任務性質，會被迫運用一種策略，也就是瘋狗將軍詹姆斯·馬蒂斯說的：「要表現得彬彬有禮，十分專業，但必要時，一個活口也不能留。」也就是說，跟敵人交朋友根本是一個不可能的任務。

為了要贏得阿富汗人民的喜愛，我曾經跟一個團隊合作，要教美國軍人「如何不那麼有威脅性，但是仍然保持戰時該有的警覺」。

那到底要怎麼讓一群帶有威脅性的人看起來很友善呢？他們身上配戴著戰備、頭盔，也被訓練成一看到當地居民，就要面帶怒容，也難怪當地的人看到他們就立刻起防衛心。

我們教軍人們做的事很簡單：進入村莊時，裝備一點也不用少，也不要放鬆警戒心，以免被攻擊，但是也要做下面這幾件事：

1.運用友誼公式：在村莊裡停留，但不做任何事，就只要待在那就好。這樣就拉近了友誼公式中的彼此距離。接著，漸漸增加去村莊的次數（接觸頻率），以及在村莊停留的長度（相處時間）。最後，可以給村莊裡的小朋友一些他們會喜歡的東西（這點之後再來討論），來加上互動強度這個要素。

2.不要傳達「敵對訊號」，要傳達「友好訊號」：把怒容遮起來，面帶微笑。

3.等村民習慣看見這些美國大兵不帶任何威脅地在村莊活動之後，載一卡車的足球，開到村裡小朋友可以看見的地方。接下來會發生什麼事？因為你傳送了友好訊號，小朋友不會覺得你有威脅，而且他們的好奇心會被挑起（互動強度），然後他們就會靠近卡車問你：「這些球是要給誰的？」卡車司機就可以告訴小朋友：「是給你們的啊！」然後把球發給大家。

接著會發生什麼事呢？小朋友會開始喜歡你。所以他們回家看到爸媽時，他們就變成可以幫美國大兵說好話的第三者。他們會說：「今天我看見美國人，他們給我們足球，他們人很好。」之後爸爸媽媽看到美國大兵時，就會受到孩子言語的初始效應影響，比較願意視他們為朋友，而不是敵人。

如果美國士兵直接進入村莊，沒有先運用友誼公式（沒有建立彼此距離、接觸頻率、相處時間、互動強度），又傳送敵對訊號，加上沒有透過第三者達成的初始效應，你覺得當地居民會相信他們沒有威脅嗎？一定不可能的。

運用這些技巧來影響別人的行為、創造友誼，竟然如此簡單。不管你是單獨運用其中的技巧，或者是混合幾種技巧一起使用，都可以幫你讓別人對自己感到滿意，也鼓勵他們回饋你，讓你感到滿意。當你運用友誼的黃金守則，你其實就鼓勵了對方的回饋：「如果你讓我覺得開心，我也想要讓你覺得開心。」就算只有一次接觸，你也會發現對方願意回饋你。

你想坐頭等艙，還是因為太機車被遣下飛機？

幾年前，有一次我在德國法蘭克福機場轉機。我不太期待接下來的旅程，因為我要坐在經濟艙的中間位置飛八小時。當時離登機還有一小時，我當然不想提早上飛機，我決定要好好運用時間。我努力回想高中德文課時我學的每個德文字，然後走向地勤售票員。我走向前時，我傳送了主要的幾個友好訊號，眉毛閃動、微笑、傾斜頭部。等我走到櫃台時，我用德語說了你好，這樣我跟地勤人員就有了共通點（見第四章）。他聽到我的破德語笑了笑，但也回應了我的問候，然後用英文問我：「有什麼需要幫忙的嗎？」

我說沒有，但我開始跟他聊天。我用了同理心句型來鼓勵他說話，然後讓他對自己感到滿意。對話持續進行，因為我說的簡短同理心句型，讓他滔滔不絕，一直在講話。他沒注意到這點，因為我們都覺得世界是繞著我們轉的，所以我的行為沒有超過人類大腦訊息處理底線的範圍，沒有引起大腦的「警覺」反應。我讓他有機會說話，事實上，是我鼓勵他說話，然後讓他對自己感到滿意。

所以他現在很喜歡我。

等到我們「聊天」結束之後，這個地勤人員問我，為什麼我不登機？我告訴他因為我坐在經濟艙中間的位置，我不想那麼早就塞在那裡。然後我們的對話就結束了。

大約二十分鐘之後，地勤人員播了最後登機的廣播。我往空橋走時，聽到那個地勤叫我「謝弗先生！」我停了下來。他走向我，問我有沒有帶著登機證，我點頭並把我的登機證遞給他。他把我的登機證拿走，給我另一張登機證。

「祝您旅途愉快，謝弗先生。」他說。

我看著那張登機證，發現我被升級到商務艙了。我說：「謝謝你，真的太感謝了。」「不客氣，小意思。」他回答，然後招手示意我登機。

另外有一次，我的班機延遲，大家都很生氣。我在登機櫃台排隊，排在我前面的人非常生氣，他對著地勤人員大吼大叫，說什麼他會錯過他的轉機等等。地勤人員告訴他，她只能安排他搭乘下午五點三十分的飛機，她已經盡力了。

輪到我了。所以我就走到這個可憐慌亂的地勤人員前面，我並沒有期待事情可能有什麼轉機，我只想讓這個地勤人員開心一點。她接過我遞給她的機票，然後告訴我：「先生很抱歉，你會趕不上你的轉機。我可以幫你在等會五點半的飛機上安排一個位置。」

我直直看著她的眼睛，諷刺地學上一個旅客說的話：「這我不能接受。」她回看著我，我繼續說：「那我現在可以對妳大吼大叫了嗎？」她說不行，然後又提了一次五點半的那班飛機。

我繼續說：「那現在可以對妳大吼大叫了嗎？」這時她開始笑了，我就說：「我到底什麼時候可以開始對妳大吼大叫？」然後我們兩個都笑了，開始彼此開玩笑。約莫一分鐘之後，她說：「其實，我剛好在兩點四十的班機上找到一個座位。」她接著把我的名字輸入到電腦裡。我說：「我只是有點好奇，我剛剛明明聽到妳跟前面的客人說兩點四十的飛機沒有位置。」她說：「對我大吼大叫的人就不會有位置。你現在要對我大吼大叫嗎？」我小聲地回答：「不，小姐，謝謝妳了。」

有趣的是，我上前跟地勤說話時，並沒有期望她可以幫我換到更早的班機。我只是希望能讓她開心一點。但當你讓別人感到開心，好事反而會發生在你身上。

我對各種客服人員運用這種「發洩怒氣」的技巧非常多次，每次都能撫平他們的怒氣，讓他們心情變好一點。有一次我在國外出差，遇到一群中國旅客錯過了他們到香港的班機，他們讓登機門的地勤人員非常難堪。她很努力想要對他們好聲好氣地講話，但都沒有用。最後只好請來機場警察，因為那些人真的太誇張了。

我很「榮幸」地排在那群旅客之後。我走到櫃台，然後說：「看來妳今天遇到了一些麻煩。」（同理心句型）

她的回答簡短不耐：「對。」

「一定心情不太好吧。」我說。（同理心句型）

「對啊，不能對這些人大吼回去真的很讓人不開心，沒有地方發洩怒氣。」

我感同身受地點了點頭說：「小姐，我可能可以幫忙。我可以回到排隊等待線那邊，然後再走到妳這裡一次。妳可以把氣出在我身上，讓自己舒坦一點。」

地勤人員看起來有點猶豫，但還是答應了。

所以我就回到了排隊等候線前，轉身，再走回櫃台。我伸出手指，指著地勤人員，說：「妳剛剛對那些人的態度很差，妳很沒禮貌，不體貼顧客，而且……」我只能講到這邊，因為地勤人員叫我閉嘴，然後開始把氣出在我身上。剛剛那些忍住的怒氣在她心中沸騰燃燒，已經快要忍不住了，現在她終於有機會可以發洩出來了。

等她終於停止之後，我告訴她我非常生氣，而且對於她的服務很失望。

地勤人員喘了口氣說：「先生，要怎樣才能讓您息怒呢？幫您升等可以嗎？」

我認可地點點頭說：「嗯，我想這樣可以。」她回答：「好的，我幫您升等到頭等艙。」我跟她道謝。然後我們兩個人就開始笑了起來。開始登機之後，那個地勤人員還到飛機上來跟我道謝，說我讓她的一天「變得很美好」。

這種事常常發生在我身上。大家都願意為我做事情。我不會請別人幫我，連暗示都不會。我發現只要你讓別人感覺好一點（友誼的黃金守則），就不只能讓他們喜歡你，還會有別的好處，因為他們也會想要讓你開心。我每天都在身邊看到這樣的事發生，一次又一次地體驗到這個道理。

再舉一個搭飛機的例子來解釋對別人好帶來的「好處」。我當時在伊利諾州的莫林市，我的班機被取消了。那裡不是一個太適合逗留的地方，有人甚至開始咆哮跟罵髒話。排在我前面的女人對地勤人員大吼大叫、揮動手臂。地勤人員很努力地不要抓狂，她說：「我只能安排妳搭明天早上的飛機。」聽到這句話，我前面的那個女人就更大聲地罵了髒話，轉身就走。

輪到我了，我走向這個還在生氣的地勤人員說：「天啊，剛剛那個小姐也太誇張了。」（同理心句型）

「真的。」她同意地說，「我不喜歡她。」

我回說：「我剛剛聽到妳說，到明天早上之前都沒有班機。」

她說：「有，一小時內就有另一班班機。」

我本來想說什麼，但她打斷我：「我不喜歡她，她就要給我等到明天。我喜歡你，你可以今天就飛。」

我還有另一個搭飛機的故事，能證明運用技巧創造友誼真的可行。我搭到那天最後一班離開的飛機，有九十分鐘的短暫停留，我想這是一個很好的機會，可以採訪一些航空公司工作人員，看看他們對客服與客人行為之間的關係有什麼看法。

只剩一個員工在劃位櫃台，我往她的方向走時，一邊傳送友好訊號。我需要一個「誘餌」，引起她的好奇心。她問我要去哪裡時，我跟她說我要去芝加哥為我的調查做一些收尾。她就問我是做什麼的，我告訴她：「我是 FBI 探員。」這就引起了她的注意，於是她問我我在 FBI 是做什麼工作的。

我回她：「我負責訓練人員。」

她問：「哪方面的訓練？」

「訓練人員對別人好……才能得到他們不該得到的東西。」（引起好奇心）

她笑著說：「譬如說什麼？」

「譬如說，升等機艙啊。」

這時我們兩個都笑了。我繼續說：「如果我走到妳面前，然後要求妳幫我把機艙升等，妳會幫我升等嗎？」

「才不會，」她大聲說，「很多人都會這樣要求，我一概拒絕。」

「那妳有幫別人升等過嗎？」

「有啊，只幫我喜歡的人升等。」

就是這樣。

不管你是在阿富汗還是在亞特蘭大，這本書裡教你的技巧真的有用，不管你只運用其中一項或是混合好幾個一併使用。只要你運用這些技巧，就能把跟對方成為朋友的機率放到最大，就算對方一開始視你為仇敵。而且，搞不好，你搭飛機時也可以升等喔！

第四章　吸引力法則

如果你一想尋找朋友，你會發現沒什麼人願意當你朋友。
如果你一心想當別人的朋友，你就會發現到處都是你的朋友。

——吉格・金克拉（Zig Ziglar）

我會在本章節裡教你其他交友技巧：「吸引力法則」。這些「法則」其實是一些因素，這些因素出現時，會讓兩個人互相吸引的機率提高，互動結果也會比較正面。由於這些法則對於人際關係非常重要，如果可以在你自己的人際關係之中運用，就可以讓你更容易跟別人交朋友。

你可以把每條吸引力法則當作加強人際關係的工具。你不需要運用所有法則就可以達到目標，其實你也不應該一次用到全部，因為有些法則跟你的個性並不一定符合，而且有些是針對短期關係，有些是針對長期（例如跟一位業務人員的一次性短暫接觸，跟想要長期發展友誼的技巧就不同）。你可以選擇適合的法則，運用在你的目標身上。

相似法則：建立共同點

有共同觀點、態度、從事類似活動的人比較容易發展出親密關係。成語說：「物以類聚」是有道理的。我們會受有共同興趣的人吸引。這個現象的原因，可能是我們想避免認知上的歧異。歧異在我們有不同意見或信仰時，比較容易發生。不管是實際上的歧異，或者是我們認為可能有的歧異，都會造成我們的焦慮。

有共同看法的人會加強彼此的看法，也因此增加互相吸引、再度碰面的可能。彼此強化看法能幫助我們保持自尊心，甚至可以提高自尊心，因而創造一種正向快樂的感覺。

有共同原則跟堅持的人，很少會意見分歧，也會覺得跟彼此相處起來很有安全感。這些人通常比較少起衝突，因為他們看待事物的方式是相似的。這種相似度會讓人感到幸福，也會讓人感到被理解。第一次見面的兩人，只要覺得彼此相似，就會增加互相吸引的可能。

在我的職業生涯早期，我注意到大部分的 FBI 探員都長得很像，對事情也有相同看法。這樣的狀況可以用心理學的相似法則跟吸引力法則來解釋。FBI 探員在甄聘人員時，都會錄取跟他們最相似的探員。等新進探員年資漸長，可以參與甄聘過程時，他們也會無意識地選擇最像他們的人。幾十年下來，FBI 裡就有很多想法相似、穿著相似、甚至長相相似的探員。

隨著平權法案的興起，越來越多女性跟少數民族也在 FBI 裡有了位置。當這些人有了年資，開始參與甄聘過程時，他們也會選擇跟他們比較相近的應徵者。根據心理學的相似法則與吸引法則，目前的 FBI 探員與大部分的美國公司都越來越能真實反映今日美國的人口多樣性。

共同點能讓我們彼此產生連結，幫助我們建立關係，為我們想發展的友誼打造良好基礎。亞里斯多德曾說：「我們喜歡跟我們相似的人，跟我們有相同追求的人……我們喜歡那些跟我們所見略同的人。」如果可以找出共同點，跟別人發展感情就變得容易。大家會自動假設其他人跟他們想法相同，尤其是彼此第一次見面的時候。因此當你第一次遇見別人，你可以先試著找出你們的相同點。

你從遠處觀察別人時，先尋找可能的共通點。例如，你可以先觀察對方的穿著。對方如果穿著某個球隊的上衣，就代表他至少對這個球隊有一點興趣。就算你不喜歡那個球隊，你還是可以運用這個資訊來開啟對話，尤其當你自己也對運動很有興趣的時候。

對方正在做的事情也可以是你建立共同點的基礎。如果這個人正在遛狗、看書，或者是推著嬰兒車，這就提供你寶貴的資訊，讓你找出可能的話題。

從刺青也可以看出別人的興趣。刺青是永久的，大部分的人決定要刺青的時候都會好好思考想要怎樣的刺青，還有要刺在哪裡等等。如果一個人在很明顯的地方刺了一個小小的大麻葉，這就明確傳達了他對吸食大麻的態度。如果你強烈反對吸食大麻，你還是去找其他跟你有相似想法的人當朋友吧。

一個人跟別人的互動方式也提供我們線索，了解他們的個性。一個癱坐在椅子上、不隨便與別人互動的人，就跟一個坐得很直、主動跟旁人互動的人有不同的個性。如果你的個性跟對方差異很大，建立親密關係的機率就會大大降低。

等你跟一個人第一次開始互動，仔細聽他們說的話，這樣可以提供你額外的線索，瞭解他們喜歡什麼或不喜歡什麼。不要忘了把話題導向你們兩個共通的事物。跟對方討論共同的經歷、興趣、嗜好、工作，或者任何其他共同點，可以加強關係，幫助發展友誼。你其實很快就可以跟別人找到共通點，下面幾個例子示範。

共同經驗

例如，你看到一個人穿著芝加哥白襪隊的衣服，你自己也是白襪隊迷，你跟對方就有一個共同興趣。然而，並不是所有穿著白襪隊球衣的人都一定是白襪隊迷。除了建立關係，同理心句型也可以用來試探你對對方的觀察或假設是否正確。看看下面這段對話：

布萊恩：「嗨，我叫布萊恩，妳叫什麼名字？」

克莉絲汀：「我叫克莉絲汀。」

布萊恩：「所以妳應該是白襪迷吧？」（同理心句型）

克莉絲汀：「我從出生就是白襪迷了。」

布萊恩：「我也是。」

運用同理心句型，布萊恩發現他跟克莉絲汀都熱愛白襪隊。一旦共同點建立，布萊恩就可以把話題著重在這裡，對話就會自然展開。如果布萊恩不是白襪迷，他可以退一步，把他們的共通喜好放在棒球上，請看下面這段對話：

布萊恩：「嗨，我叫布萊恩，妳叫什麼名字？」

克莉絲汀：「我叫克莉絲汀。」

布萊恩：「所以妳應該是白襪迷吧？」（同理心句型）

克莉絲汀：「我從出生就是白襪迷了。」
布萊恩：「我也很喜歡棒球，但是我最喜歡的球隊是芝加哥小熊隊。」
克莉絲汀：「噢，我沒有在看那種小聯盟的。」

從對話中可以看出克莉絲汀不但有幽默感，也很不屑芝加哥白襪隊的對手芝加哥小熊隊。一旦克莉絲汀跟布萊恩的共同興趣建立起來，雖然兩人喜歡不同隊，布萊恩還是可以運用這個機會，開啟一個各隊優缺點的熱烈討論。

來自同鄉的人，也可以很快地建立友誼，尤其是他們是在異地認識時。同樣的工作、政治黨派、宗教信仰、共同朋友，還有類似經驗都是尋找共同點時很好的話題。

如果你不知道如何找到兩人的共同點，就聊音樂吧。我之前也說過，音樂是大多數人的興趣，也最容易找到共同點。就算兩個人的喜好可能不同，音樂還是每個人都願意聊的中性話題。

不同時共同經驗

不同時間點的共同經驗，例如念過同一間學校、當兵，或者是住在同一個地區，也可以提高變成朋友的機會。雖然事件不是同一個時間經歷的，但是你可以跨越時間軸來尋找共同點。

間接經驗

間接經驗就是透過別人的轉述，讓你對於某種生活方式或者某個活動能夠間接了解。你可以運用你的間接經驗來跟別人建立共同點，就算事實上你根本不太了解這件事。這個方法很有用，因為這樣可以讓對方開始討論他們的事，對他們自己感到滿意。而且因為是你讓他們感到滿意的，所以他們就會用正面的眼光看你（也就是友誼的黃金守則）。這是一種業務人員最喜歡用的技巧，因為這樣可以立刻跟客戶找到共同點，就算他們根本不太懂客戶在講什麼。這裡有一個例子：

汽車業務：「你是在哪個產業工作的呢？」

客戶：「我是麵包師傅。」

汽車業務：「真的嗎？我爸也是麵包師耶！」

汽車業務不會因為爸爸是麵包師傅，就必須知道任何有關烘焙的知識。你可以運用同樣的技巧，在第一次見面時，就找出對方跟你的共同點。

奧黛莉：「你是從事什麼工作的？」

蘇珊：「我是理財專員。」

奧黛莉：「真巧，我姊姊是會計。」

我們的家庭成員很有可能會跟我們說話的對象從事相同或者類似的工作。在奧黛莉這個情境裡，她的姊姊是會計師，就跟財務管理這個領域有點相似。如果你沒有家庭成員跟對方從事類似的工作，就想想看有沒有朋友做類似的工作。當你想要與別人建立良好關係時，運用間接經驗可以大大地幫助你。但是你要注意：不要對第一次見面的人說謊。如果之後你跟對方的關係順利發展，你說的謊就可能會被戳破。如果對方對你的信任破裂，尤其是關係剛開始的時候，對方對你的好感會立刻降低。

錯認效應

有時交朋友要靠運氣，在對的時間、對的地點遇到，就會變成朋友。當我們感到開心，卻找不到開心的原因，我們就會把這樣的感覺認定為是當時在我們身邊的人造成的。如果你剛好是那個在身邊的人，你就會受惠於這個「錯認效應」，不用做任何事，別人就會喜歡你。基本上，這是一個掃到颱風尾的概念，只是這次你是遇到了好事。

想想看下面這個例子。我們在運動的時候，腦部會產生腦內啡，而腦內啡會讓我們產生一種幸福感。假設你當時身邊有別人，這樣的感覺就會被錯認到你身邊的那個人身上。旁邊那個人會被潛意識認為是幸福感的來源，也因此會變得更有吸引力。

那要如何運用錯認效應來讓別人喜歡你呢？其實有很多種方式。如果你很喜歡運動，你可以邀請你的同事在開會前一起運動，一起上健身房，或者是參加體育活動，像是路跑、健走等等，不管你覺得好不好玩，都能提供很好的機會讓別人把幸福感錯認到你身上。

假設你想要約一個對象出來約會，而且希望可以增加對方對你的正面回應，這時，錯認效應就可以幫上忙。如果你想要約的這個人會在固定時間去慢跑或運動，你可以在他運動完後，立刻跟他「巧遇」。彼此不需要講話。只要跟對方身處在同樣的地方，就可以引發錯認效應，讓自己對他更有吸引力。如果你跟你的對象同時都有運動習慣，你可以故意安排跟他同時間運動。運動時，彼此處於近距離，也會產生錯認效應。如果你想要約的對象是一個有運動習慣的同事，你可以在他運動完回到辦公室時，站在他的座位附近。同樣地，如果你知道你想約的對象在運動之後會去同一間咖啡店買咖啡，你就可以在那間咖啡店裡等待跟他巧遇。

這樣做的目的是，利用錯認效應，加強你在對方眼中的吸引力，因為對方會把運動完之後腦內啡產生的幸福感連結到你身上。要達到這個目的，你必須要在對方運動時，或者是剛運動完時，拉近跟他的距離。

更令人驚訝的是，我們經歷可怕的事件或者是創傷時，錯認效應也會發生。對於有類似經歷的人，我們會覺得跟他們比較親近。一起上戰場面對可怕的戰役後，士兵們對於同袍的感情會變得非常深厚。一起經歷過創傷經驗的警員，跟同伴的關係也會變得緊密。以前美國大學的兄弟會或姐妹會還在運用「新人入會傳統」欺負新人的時候，這些一起經歷過慘痛經歷的人，感情也比較緊密，甚至會發展出長久的友誼。

恐怖片也有同樣的效果。如果你跟一個人去看恐怖片，一起經歷過恐怖片裡的可怕情節，也會引起錯認效應，讓你們兩個之間的吸引力增強。就是因為這個原因，第一次約會去看恐怖片是一個蠻理想的安排，因為這樣會讓兩人對彼此的吸引力增加。同樣地，如果你跟你穩定交往對象的感情有點降溫了，可以試試一起去玩高空跳傘、高空彈跳、搭雲霄飛車，或者是去做一些比較刺激危險的事，這種共同經驗會讓彼此更靠近，也會活化你們之間的感情或友情。

好奇心定律

好奇心可以被用來當作一個「誘餌」增加互動強度（友誼公式），引起別人對你的興趣。這是一個很有效的交友方法。所有能對刺激產生不僅止於機械反應的生物都一定有好奇心，這是生物的本能，來自於延續自我生命與孕育下一代的需求，也來自於貪心的天性。人類想要知道一切：我們是誰？別人是誰？我們是什麼時候從哪裡出現的？山坡另一邊有什麼？我們還想知道所有東西的形狀、大小、組成、壽命、還有距離，從夸克粒子到整個宇宙，我們都想知道。

這些比原始動物高等的動物，為了要存活，一定要理解在當下環境存活的訣竅。除此之外，如果世界有所改變，他們必須確實有效地回應。既然生物個體關心的是各自的生存，在周遭發生的變動就變得非常重要。

要發現變動，最有效的方法就是主動上前尋找。例如，樹叢裡發出的聲音會引起貓的注意，於是貓會偷偷摸摸地慢慢走向前（畢竟，衝向可疑的聲音並不太理智），去看看聲音的來源。聲音的來源可能是獵物，可能是掠食者，也有可能是自動灑水器。這個好奇心可能引來一頓大餐、一場驚險脫逃，或者是意料之外的洗澎澎時間。不管怎樣，這個噪音的來源還是得好好研究。

當你的行為在別人心中勾起好奇心時，就會大大增加這個人想跟你互動的機率，以滿足他們自己的好奇心。因此，「引起好奇心」就是想認識別人、發展友情時，很有效的方法。我當 FBI 探員時，常常運用好奇心法則來加強我收編外國探員的效率。有一次，一個北韓人搬進我的管轄區，當時我們有理由推測他就是北韓的探員，所以上面給我的任務就是把他收編成我們的間諜。我知道如果我直接走進他工作的照相館，然後跟他說：「我是 FBI 的傑克．謝弗，可以跟你聊聊嗎？」他一定會嚇死然後從店裡跑走。所以我決定運用好奇心這個「誘餌」來讓他上鉤。

首先，我故意在他不在的時間進到店裡，然後留一張紙條給他，上面寫著：「可惜沒遇到你。」然後簽上我的名字：「傑克．謝弗」。我留紙條給他前前後後共三次。第三次，我把我的電話號碼也寫在字條上面。這些字條是要來引起這個北韓人的好奇心：這個傑克．謝弗到底是誰？為什麼他要跟我聯絡？我希望這個北韓人開始想這些問題，希望他每收到一個新字條，都會更加引起好奇心。我的策略成功了。收到我寫了電話號碼的字條之後，他打給我了，我們就約好幾天後見面。

互惠法則

當別人給你某樣東西，或者是幫了你一個忙時，不管是大是小，世俗規範都會促使你也回報對方類似或更多的回饋。許多機構都會利用互惠法則，寄給我們地址貼、日曆，或者是其他小東西，希望你可以捐款。在這種情況下，大家比較會願意配合，因為他們已經先收到一些東西了，覺得有義務要回饋給對方。

互惠法則是一個很有效的交友工具。當你對別人微笑，對方就會覺得有義務要回應你的微笑。微笑代表接受與喜愛。大家都喜歡被喜愛。當一個人知道別人喜歡他時，互惠法則就會啟動。只要我們發現另外一個人喜歡我們，我們就會覺得對方比較有吸引力，也比較有可能會回應同樣的感情。在兩人對彼此有良好的第一印象，或兩人對彼此的感覺很自然時，互惠法則可以達到最極致的效果。

因此下次別人感謝你的時候，不要再說「不客氣」了，你要說：「小事啦，你也會這樣幫我啊。」這樣的回應能引起互惠，對方之後就更有可能在你請求幫忙的時候出手相助。

坦白定律

坦白定律跟互惠法則有些關係。對人比較坦白，願意說出比較多個人資訊的人，別人會比較容易給他同樣多的個人資訊。如果互動的兩人有共同興趣的話，這個狀況會更加顯著。

坦白會吸引別人。對於願意對我們顯露出脆弱的一面、告訴我們內心最深層的想法、或是跟我們說一些私人事情的人，我們會感到跟他們親近。如果這些自我揭露是感情層面的，而不是事實層面的，親近感就會增加。這樣的親近感主要是來自於自我揭露產生的互動強度，會讓願意坦白的人更加討人喜歡。

自我揭露如果太過籠統，會降低坦白的感覺，也會降低親近感與讓人喜歡的可能。但是，如果自我揭露太過私密，通常會讓講者個性上的缺點更加明顯，也會降低讓人喜歡的程度。如果在一段關係中，太早就做出過於私密的自我坦白，會被別人認為是沒有安全感，降低讓人喜歡的程度。

因此如果你跟一個你希望可以變成朋友或另一半的人見面，你就應該要小心，不要在關係剛開始建立時，太早揭露一些過於私密的事。

自我揭露有兩個階段。首先，你必須要先坦白一件不會太籠統也不會太私密的事。接著，對方回應時，他對你的坦白應該是要充滿同理心、關心還有尊重。對於真誠的自我揭露，做出負面回應的話，就會立刻終結這段關係。

自我揭露通常也是互相的。當有人做出自我揭露，對方會因此比較有可能以類似的自我揭露回應。個人資訊的交流會為感情創造一種親密感。如果一段感情中，只有一個人願意分享私密的事，另外一個人只討論一些膚淺籠統的事，這段感情就不會進步，甚至很有可能會結束。

「麵包屑」技巧

想要讓感情持久嗎？那就運用童話故事糖果屋裡的方法吧。在這個童話故事中，漢森和葛蕾塔進入森林裡，為了確保之後可以找到回家的路，他們沿路留下麵包屑當作線索。我推薦大家運用這個「麵包屑」技巧來傳達你的個人資訊。隨著時間久了，感情常常會變質。為了拉長感情的壽命，你可以慢慢地一點一點自我揭露。

一旦你覺得可以信任別人，很容易就會把你的感情大門打開，一下告訴對方太多事，而讓對方覺得壓力很大。自我揭露應該是要在很長的一段時間內，一點一點地建立，這樣才能確保感情慢慢增加強度與親密感。緩慢穩定地讓對方漸漸了解你，就像漢森跟葛蕾塔的麵包屑一樣，能增長感情的壽命，雙方會因為穩定地自我揭露，持續感受到親密感。

互相自我揭露會產生信任。如果彼此都願意自我揭露，就會創造一個安全區域，因為兩個人都對彼此誠實地坦白自己的弱點，也會保護彼此的祕密。

社群網路使用者比較傾向依賴自我揭露來創造親密感，因為彼此沒辦法像面對面溝通一樣，接受到語言或肢體訊號。但是透過網路得到的訊息，真實程度比較可疑，因此也讓運用網路的人花更多時間確定彼此給的訊息是否屬實。

個人魅力法則

個人魅力能帶來很實際的好處。雖然我們常說：「情人眼裡出西施」，但事實上，每個文化都各自對美有固定的標準。即使這些標準可能隨著時間改變，但大部分的人都會內化當時的主流審美價值。

但是個人魅力不是「絕對」的。只要你願意努力，就能變得更有魅力。高登．偉萊是《教自己肢體表達》這本書的作者，他曾說過，只要維持良好的視線接觸、表現活潑、穿著得體、為自己的穿著加上一點明亮色彩，再加上好好聆聽對方說話，任何人都可以增加自己的魅力。偉萊也強調了姿勢的重要性，他建議要站直身體、縮小腹、把頭抬高、對別人微笑。持續一週之後，別人會漸漸對你更加友善、更加尊敬你，你也會吸引更多的人。

大家會認為有魅力的人具備更多正面特質。長相突出的人會被認定為比較有才華、善良、誠實、甚至比較聰明。實驗證實，我們會盡力幫助有魅力的人，不管是同性還是異性，因為我們想要被長得好看的人喜歡和接受。

外貌上的吸引力可能會影響個人財富。比較沒有魅力的人跟一般長相的人比起來，賺的錢少了五到十個百分比；一般長相的人跟被大家覺得有魅力的人比起來，賺的錢也少了三到八個百分比。研究顯示，長相比較有魅力的學生會得到老師比較多關注，也會拿到比較好的成績。醫生對好看的病人也更加照顧。長得比較好看的罪犯甚至能得到比較輕的判刑。只要看看好萊塢那些美麗的電影名星，就知道他們對我們的法律系統有多大的影響。

幽默法則

在社交場合運用幽默感的人，會比較容易受人喜歡。正確使用幽默感可以降低焦慮，達到放鬆的感覺，讓關係發展得更迅速。在彼此調情的對話中，運用稍微不恰當的笑話，可以迅速提升親密程度。當然，這也跟其他的任何語言溝通一樣，說話的人必須先確定要說的笑話是可以接受的，不會被對方認為太超過。

運用幽默感的另一個優點就是，大笑會讓大腦分泌腦內啡，腦內啡會讓人感到開心，因此，根據友誼的黃金守則，如果你讓對方感到開心滿意，對方就會喜歡你。女人如果對某個男人有興趣，就會在他講笑話的時候大笑，不管那笑話有多難笑。跟她沒興趣的男人比起來，她會對她有興趣的男人更加頻繁、熱情地大笑。這個現象也跟友誼的黃金守則不謀而合。

熟悉定律

我們越常跟別人見面與互動，就越有可能跟對方成為朋友。行為學家利昂．費斯廷格（Leon

Festinger）跟另外兩個學者共同研究一棟兩層樓公寓裡的人際關係。他們發現，鄰居很有可能變成朋友。住在不同層樓的住戶，彼此比較不會變成朋友。而一樓和二樓的住戶則都會跟住在一樓樓梯和信箱旁的住戶變成朋友。

熟悉定律解釋了要培養關係時，彼此距離的重要性（彼此距離是友誼公式中的元素之一）。分享空間的人比較會受到彼此吸引。彼此距離很近，會讓一個人在正式認識另一個人之前，先喜歡對方。在我的班上，我觀察到坐在附近的學生，跟坐在教室兩端的學生比起來，比較有可能會變成朋友。同樣地，在工作場合，坐在附近的同事也比較容易產生感情跟友情。

俗話說：「小別勝新婚」並不一定是對的。已訂婚的兩人，住得離彼此越遠，最後越有可能取消婚約。

聯想定律

如果一群人常一起相處，那麼當別人在評斷這群人裡的某個人時，就會把他對這群人的印象投射到這個人身上。所以，如果你是一個比較沒有魅力的人，希望別人覺得你有魅力一點，你可以多跟一群有魅力的人在一起。同樣地，一個有魅力的人，如果很常跟沒有魅力的人在一起，就會被認為比較沒有魅力。

成人世界跟青少年世界似乎沒有什麼太大的差別。如果你想要「受歡迎」，你仍需要去跟那些很受歡迎的人互動。如果是在職場，你交朋友時就要「往上爬」，而不是往下，要找位階比你高的人來當朋友。你選擇跟誰互動非常重要。如果你想要別人覺得你很成功，你就需要跟成功的人在一起。

但是聯想定律在另一個狀況下會出現完全不同的結果。如果某人只跟其他一、兩個人在一起時，他就會被拿來跟那兩人比較。在這種情況下，如果你想要別人覺得你比較有魅力，你就必須跟一個比較沒有魅力的人在一起。這個現象就跟想買房子的人去看樣品屋一樣。早上離開自己家門時，覺得自己的家沒什麼不好，結果一整天看了這麼多美麗的樣品屋，回到家之後就覺得自己家很不漂亮。自己的家跟剛剛看過的那些佈置優雅的樣品屋比起來，突然變得很沒有魅力了。

自我價值定律

我們都喜歡跟有自信的人在一起。這樣的人比較容易吸引別人，或者是跟別人交朋友。自我價值比較高的人，通常也是有自信的人，處於大家的目光焦點時不會不自在。這樣的人也比較願意自我揭露，而自我揭露正是創造親密關係的關鍵。

自我價值高的人了解，被拒絕只是人生中的一小部分，不能拿來定義自己的價值。相反地，自我價值低落的人，不願意分享個人資訊。他們無法自我揭露，這其實是一種防禦機制，因為他們害怕被批評或者被拒絕。自我揭露帶領兩人走向親密關係，但是對自我價值低落的人來說，這條路是危險的。其實，正是因為這種對自我揭露的恐懼，讓別人拒絕你。

但是要小心，自信跟自大只有一線之隔。自大的人常常覺得自己比較厲害，跟別人都不一樣。就是因為這樣，我們會覺得他們「不同」，結果，我們會喜歡他們的機率就大大地下降了。除非兩個都是很自大的人，那他們的行為跟態度就會一致，也就會互相吸引。

在美國社會裡，男人和女人定義自身價值的方式不同。通常，男人的自我價值與社會地位來自於他們賺錢的能力，或者是否能讓女人印象深刻、是否擁有昂貴物品，例如好車跟房地產。雖然現在美國女性從大學畢業的機率比男性還高，但是女性的自我價值與社會地位，還是來自於外在的美貌、年紀、以及與別人的關係。這樣的差距在我們看益智節目主持人要求參賽者自我介紹時特別明顯。男性參賽者會用他們的職業介紹自己，例如說自己是電工；而女性參賽者則會用自己的家庭狀況來描述，例如說自己已婚，有三個孩子。隨著越來越多女性離開家裡，到外面工作，她們開始比較會透過自己的職業來定義自己，而不再透過自己與別人的關係來定義。

在建立短期或長期戀人關係時，年輕漂亮的女人，通常會跟比較有出息、賺比較多錢的男人在一起。自我價值低落的男人會選擇比較不吸引人的女性當作伴侶，自我價值低落的女人則會選擇比較不會賺錢、沒那麼多錢可以花的男人。

有時，社會地位低的人會「假裝」自己有比較高的社會地位，以追求那些「不同世界」的人。例如，男人可能會假裝自己收入很高，很闊氣地送女生許多昂貴禮物，開他根本負擔不起的車。這樣的策略，雖然一開始很有用，但是隨著時間流逝，最後一定會以悲劇收場，顯露自己的真面目。

我的一個學生告訴我，他跟他朋友晚上出去的時候，都會耍一個花招。去酒吧的路上，他們會先去銀行的提款機前面，從大家丟掉的收據裡找幾張帳戶餘額特別高的收起來。如果遇到了條件很好的女生，他們就會把自己的電話寫在提款收據的背面給對方，創造出他很有錢的假象。所以，千萬不要輕易相信銀行收據！

物以稀為貴法則

我們很容易受到無法輕易得到的人事物吸引，越難得到的東西就越想得到。終於得到東西之後，這個物品對我們的吸引力就會大大降低。聖誕禮物就是最好的例子。小朋友一整年心心念念的玩具終於在聖誕節收到了，但幾天之後就會被丟到一邊去。物以稀為貴這個原則在人際關係上也適用，尤其是在兩人關係剛開始發展時。你媽媽教你的約會守則是真的有科學根據的。如果你希望跟對方發展長期關係，就不應該讓他立刻可以聯絡到你或約到你。如果你展現一定程度的「無法取得」感，會讓自己顯得更神祕也更有挑戰性。

記得佛拉迪彌爾嗎？那個我們在前言討論到的間諜。你可能記得，我坐在佛拉迪彌爾的房間裡安靜地看報紙，他問我為什麼每天都去那裡看報紙。我把報紙折好，看著他說：「因為我想跟你講話啊。」然後我立刻又把報紙立起來繼續看，忽略他的存在。這樣的行為就增加了佛拉迪彌爾對我的好奇，然後也增加了物以稀為貴的感覺，因為我不跟他說話。後來佛拉迪彌爾決定跟我說話，但是我還是繼續忽略他，就更增加他想跟我說話的動機。

越是嚴格規定，越是讓人想要唱反調

為人父母的應該最了解這個道理了！如果你告訴小孩不可以做某件事，他們只會更想做那件事。我的女兒在青春期的叛逆階段時，非常喜歡測試我跟她媽媽的底線。有一次她把一個男生帶回家，介紹給我們認識。這個男生用髮膠梳了大概有十公分高的刺蝟頭，全身上下看得到的地方滿滿都是刺青，還騎著一台重機。我很熱情地招待他，沒有說出我對他的看法，也沒有表現出我對我女兒的交友選擇有多失望。

隔天，我女兒問我覺得那個男孩子怎麼樣。我很想叫她不要再跟他見面，但是我知道，我越是嚴格規定，她就會越想要跟這個男生繼續交往。所以我選擇另一個策略。我告訴我女兒，她是我跟她媽媽親手扶養長大的，我們相信她可以自己做決定，也相信她的選擇。如果她覺得這個男孩子對她的生活有正面影響，我們會支持她的決定。

我後來再也沒看過那個年輕小伙子。

十年後，我女兒現在二十六歲了。我們坐在廚房回想她的青少女時期。她提起那個年輕人時，我心裡很驚訝。她承認她帶那個男生回家只是為了要氣我跟媽媽，因為我們那時做了一件她覺得很過分的事。她也承認當我跟她說我相信她的判斷力，也知道她會做出正確選擇時，她覺得很良心不安。她知道那個男孩子根本不適合她，她不應該帶他回家來氣我們。她說她本來是想讓我們生氣，結果反倒讓自己覺得很有罪惡感。沒想到要花十年時間才能知道我當時的策略有沒有成功，但知道策略成功也讓我很欣慰。

曲折戀情公式

在戀愛關係中，當兩個人剛認識，卻沒有立刻喜歡對方，但在之後漸漸對彼此有好感，這樣的關係會比兩人一開始就立刻互有好感的關係更親密。浪漫喜劇電影最喜歡描述這樣的情節。通常，男主角遇見女主角，但並不喜歡女主角，女主角也不喜歡他。但是在電影結束前，他們卻開始發展戀情。曲折的戀情通常會造就更加深刻的關係。

拍老闆馬屁的好方法就是不要拍老闆馬屁

我記得有一段時間，我被調派給一個新主管管理。我沒有像其他人一樣立刻展開雙手歡迎她，我故意跟她保持距離，表現出中性甚至有點負面的肢體語言。漸漸地，隨著我們的互動與對話，我才開始對她展現正面的肢體語言。幾個月後，我告訴她我覺得她是一個很好的主管，也很敬佩她很強的管理技巧，這樣就完成了這整個程序。從那天開始，我們的關係跟我如果一開始就對她展示好意比起來，更加緊密。這種緊密的關係，在我想請求偵查資源、休假等等的其他事情時，就給我帶來很多優勢。

個性法則

科學文獻與大眾文學都證實了這世界上真的是有幾百種人格特質。人格特質，指的就是一個人在日常活動中展現的固定行為模式。如果有人說：「那個人不是我的菜。」可能指的是那個人的外表，也可能是指那個人的價值觀（例如信仰或政治立場）。但是，通常是在指那個人的個性跟自己的個性不合。

人類普遍可以分成外向性格跟內向性格，一個人的性格會影響我們與人的互動，或與別人關係的建立。

外向性格的人跟內向性格的人比起來相對有吸引力，因為他們看似比較會交際也比較有自信。在跟別人建立任何關係之前，先知道對方偏內向性格還是外向性格，會是很有用的資訊，因為你會知道對方可能會有什麼樣的行為。

如果你是一個外向性格的人，但想認識的人是內向性格，你要有心理準備，因為你跟他看世界的角度可能不會相同。外向性格的人從與他人的互動中獲取能量，並從周遭環境尋找外在刺激。外向性格的人講話很直接，不經思考。他們也比較不會害怕做出錯誤決定，試了就知道會不會失敗。相反地，內向性格的人在社交場合反而會「耗電」，獨處的時候才能「充電」。他們追求來自內部的刺激，也很少講話不經大腦。做決定時，會先很仔細地想好得失利弊。

外向性格的人跟很多人都有一點交情，但是這些關係大部分都不深入。內向的人只跟幾個人有交情，但是這些關係比較深刻。內向性格的人如果跟外向性格的人交往，通常會希望能跟對方有更緊密的關係，但是外向的人比較不願意如此投入。無法達到彼此滿意的親密程度，會讓兩人發現彼此並不相像，最後就會降低兩人互相吸引的程度。

外向性格的人講話時就像意識流一樣，心裡想什麼就說什麼。這樣隨性的態度常常會給自己添麻煩，尤其是在跟那些講話前會先思考的內向人溝通的時候。外向的人脫口而出的話，有時會讓內向的人感到尷尬，因為覺得對方講的事其實很私密。如果你是內向性格，而你在考慮跟一個外向的人來往，你要有心理準備，誰知道對方接下來會說什麼意想不到的話！

大致來說，內向人和外向人在社交場合的行為很不一樣。外向性格的人就算不認識很多人，還是會比較活潑。內向性格的人跟一大群不熟的人在一起時，則會比較不自在。但是當內向性格的人跟朋友在一起時，或者是處在熟悉的環境時，他們也一樣很活潑。

一個辨識他人性格的方法就是，在跟對方講話時，講到一半故意停個幾秒鐘。外向性格的人通常會幫你把話說完，內向性格的人則不會。同樣的方法也可以拿來辨識你是否有跟內向性格的人建立起良好關係。如果內向的人跟你在一起很自在，他就會跟外向的人一樣，幫你把話說完。

我想起我花了好幾個月調查的一個案子。當時我花了好久時間才找到嫌犯的個人資料跟背景資訊，這樣才能推定他是什麼樣的個性。根據這些資料，我為這個嫌犯量身定作了一個偵查策略。這個行動的成敗就在我們的秘書身上。她的任務是要打給嫌犯，為整個行動揭開序幕。她打了電話，但嫌犯沒有立刻上鉤。我鼓勵她跟嫌犯閒聊，好讓嫌犯放心。對話開始變得輕鬆之後，嫌犯就比較放鬆了，可惜我們的秘書也變得太過放鬆。她脫口說出：「我在 FBI 工作。」這個臥底行動就全毀了。我們的秘書就是一個典型外向性格的人，說話沒有經過思考。

如果你從事業務，你在開始跟客戶推銷之前，應該要知道你的客戶是內向性格還是外向性格。如果你的客戶是內向性格的人，你要給他一些時間思考你給的折扣優惠。內向性格的人需要時間消化資訊，慢慢思考，然後才會決定。逼迫內向性格的人快點決定事情，會使他們直接拒絕，因為他們不喜歡立刻做決定。然而，對外向性格的人，你就可以給予一點壓力，逼他立刻決定要不要買。

很少有人會完全屬於內向性格或外向性格。個人性格不是一分為二，而是散佈在兩個極端之間。有些人甚至會同時符合內向性格跟外向性格，不偏向任何一邊。但是大部分的人會稍微偏某一邊，也會大致依照某一邊的性格行事。

必要時，內向性格的人也可以表現得很外向。例如，一個內向性格的人因為工作需要必須要表現得活潑、善交際，他還是可以做得到，雖然會比天生外向的人吃力。等下班之後，他就會恢復成一個內向性格的人。這種對比的生活方式很少會造成生活上的衝突，因為一個人的工作跟私人生活通常不會重疊。

但是如果是人際關係，情況就不同了。如果內向性格的人第一次見到別人時表現得很外向，隨著關係發展，他又回復到「正常」的自己，對方會覺得很驚訝。第一次見到別人的時候就顯現出自己真正的個性，遠比假裝自己是某種個性的人好太多了，尤其是你打算跟對方發展健康而穩固的關係時。

讚美法則

我們都喜歡別人讚美我們。讚美會讓我們對自己感到滿意，而根據友誼的黃金定律，讚美別人也會讓對方喜歡你。這個良性循環的結果就讓你們變成朋友的機會變大，或者是讓你現有的感情變得更堅定。

如果你希望你的讚美有用，你的讚美必須是很誠懇的，而且對方也值得這樣的讚美。如果你讚美別人時，根本不覺得自己說的話是真的，或者對方根本不值得那樣的讚美，那這樣的讚美就會起反效果，對建立良好關係沒有幫助，也會變成一種謊言，讓人無法信任你。

作家史提夫．古迪爾（Steve Goodier）說：「誠懇的讚美毫不費力，卻可以達成許多效果。在任何一種關係中，讚美都像是讓彼此關係煥然一新的掌聲。」記得善用讚美，讚美會是你的友誼寶典裡很有效的一招。

第五章　運用友情的語言

不管是什麼樣的關係，婚姻或是友誼，最終都需要對話來聯繫。

——奧斯卡．王爾德（Oscar Wilde）

第二章裡，我們學會運用肢體語言來溝通、結交朋友。其實，這些「友好訊號」就像是剷雪機一樣，幫你在雪地裡開出一條路，讓你接近你有興趣的對象，且在接近他時就開始創造良好印象。但是如果只單獨運用微笑、傾斜頭部等肢體語言，對維繫感情來說是不夠的。要維繫感情，你需要語言溝通，而且其實你說的話，還有別人對你說的話，不只是維持友情的重要因素，還會影響到友誼的長度跟強度。

運用語言溝通交朋友時，有一件非常重要的事，你一定要記得：你越鼓勵對方說話，越仔細聽他說話，展現你對他的理解，用正向的態度回應，他越有可能對自己感到開心滿意（友誼的黃金守則），也因此會喜歡你。這表示，當我想要你當我的朋友時，我必須讓你知道我對你說的話有興趣，而且也要給你很多時間說話。

再好的想法，再好的意圖，只要表達方式錯了，就不會被接受

我們來假設一個情境，這個情境在世界上任何一間公司都有可能發生。我們可以由此看出語言溝通對於人際關係的影響力。我們說話時運用什麼樣的字眼，可能會決定交友及達成目標的成敗。

史黛西剛從大學畢業，她在一間有名的化學藥劑公司找到了一個很棒的職位。每次上面交代給她的事，她都以熱情專業的態度來完成。她還會隨時關心相關領域的最新發展，總是在為公司著想，看看能不能有更降低成本的做法。

有一天，史黛西找到了一個創新的方法，可以降低製作某個化學藥物的成本。這是一個重大突破，她直接去找經理報告這項發現。

她進入經理的辦公室時，難掩興奮之情，連坐下都來不及就大聲告訴經理這個好消息：「你製造這個化學藥物的方式錯了！我找到一個更新、更便宜的方法！」

沒想到，史黛西的經理對她的發現嗤之以鼻，他揮了揮手責備史黛西，叫她應該要專心做好自

己的工作。史黛西大受打擊，回到她的座位之後，決定再也不要主動做什麼事了。

可惜的是，史黛西不知道到底為什麼她的想法會被拒絕。實際上，她的意圖是好的，但是她溝通的方式卻沒有仔細經過計畫，也不恰當。溝通不僅僅是把你心裡想的概念傳達出來就好了，溝通也包含如何傳達。史黛西沒有考慮到溝通需要的基本心理學概念。她對經理說的話犯了幾個溝通層面的錯誤，導致經理拒絕她的想法。

1.「如果我是對的，你就是錯的。」：當我們說出「我是對的」或「我的方法比較好」時，我們很少考慮到這類話語的隱含意義。如果你是對的，那另外一個人就自動被假設成是錯的。如果你的方法比較好，那別人的方法就自動變成比較差的了。這種「我對你錯」的形式會讓對方採取防備心態，以保護自己的自尊或者維持自己的名聲。被逼迫要採取這種防備心態的人，就比較不會願意去考慮你的新想法，更不要說真的接受了。

2.「我」跟「你」的對立：史黛西講話時用了「我」跟「你」。這種「你」、「我」的句型會把一方跟另一方放在對立的兩邊。以史黛西的例子來說，她就是不小心在她與老闆之間創造了對立關係。對立的局面下一定會有輸贏。贏的人就可以佔領一切，輸的人只好自舔傷口。對比的關係造成負面的競爭，對於有效溝通並沒有幫助。

3.認知衝突：當一個人同時有兩個以上的想法互相矛盾，就會造成所謂的認知衝突。經歷認知衝突不是一件令人愉快的事：我們會感到受挫、生氣、或是心理上的不平衡。在史黛西的情境裡，她不小心讓經理感受到認知衝突。如果史黛西是對的，那經理就是錯的。如果史黛西是對的，那史黛西就是聰明，經理就不怎麼聰明。人們面對認知衝突時可以做出幾個選擇來重建心理平衡。在這個情境下，史黛西的經理可以承認史黛西是對的，他自己是錯的。或者他也可以說服史黛西他的方法才是對的，史黛西的方法並不可行。最後一個選擇，他也可以完全不把史黛西的提議當作一回事。史黛西雖然是好意，但她還是菜鳥，必須提醒她，做好自己份內的事就好。史黛西的經理就是選擇了這個方法來解決他自己的認知衝突。當你讓別人經歷認知衝突時，通常不會有什麼好事發生。

4.自尊心：人類天生就以自我為中心，我們都覺得世界圍繞著我們旋轉。史黛西用「我」這個字的時候，就展現了她的自我中心。她把自己地位提高，提得比經理還高，因此不小心傷害到他的自尊。面對這樣的挑戰，他會怎麼想，一點都不令人意外。「我當經理二十年了，這個大學剛畢業、乳臭未乾的菜鳥以為她是誰啊？就這樣衝進我的辦公室來，說我二十年來都做錯了。做這件事之前，至少也該等自己累積一點經驗吧。她應該乖乖回到自己的位置上，做我交代她的事。」這個例子裡，經理的自尊心打敗了他的常識還有公司重要的成本考量。雖然我們很不想承認，但是自尊心的確讓許多人受傷，也讓很多很棒的點子胎死腹中。

如何不讓自尊心毀了一切

與其說：「你製造這個化學藥物的方式錯了！我找到一個更新、更便宜的方法！」史黛西應該要運用心理學原則來組織她的溝通語言。想告訴老闆她發現的大突破，其實有更好的方式：「經理，我想要問問你的意見，我覺得有一件事可能會讓我們的公司更賺錢。」

稱呼經理為「經理」，展現了對他的尊重，也顯示史黛西視他為上司。用「我想要問問你的意見」來開頭，可以達成五個目的。第一，史黛西可以創造有接納性的環境，讓經理覺得自己是這件事的一部分。第二，不會造成認知衝突，因此增加了經理接受這個點子的可能性。第三，這樣支持了經理自我中心的幻覺，他會覺得：「當然史黛西要來問我的意見，因為我很聰明，而且我在這個產業有二十年的經驗。」第四，開頭講這句話，會在兩人間創造一個師徒的關係。如果這樣的關係建立起來，史黛西的成功就是經理的成功。第五，這句話展現了對經理的敬重，也肯定了他的專業，會讓他對自己感到滿意。這就是我們一直在說的友誼的黃金守則：「如果你讓別人對自己感到開心滿意，他們就會喜歡你。」

而喜歡你的人，就比較可能會接受你的提議。選用「我們的公司」這個詞代表史黛西對於公司有忠誠度，也有團隊合作的能力。她說的「讓我們公司更賺錢」這句話，非常有吸引力，尤其是到時如果真的可以降低成本，經理也有功勞。當經理說出他的想法跟建議時，他也就參與了這個想法或計畫，這個想法也變成他的了。如果我們覺得某個很棒的想法或計畫也是我們的，我們就會熱情地想要達成目標。

讓人分一杯羹

史黛西如果對經理運用我們建議的這個溝通技巧，會需要做出一點犧牲，也就是這個功勞必須讓經理分一杯羹。乍看之下，這好像不太公平，也不太能讓人接受，因為這個點子是史黛西想出來的，一切功勞應該是她一人獨享（也本該如此）。但問題是，我們很少考慮到，如果讓別人一起分享我們的功勞會帶來什麼好處：這樣會帶來善意。完成一件事的功勞跟榮譽一下就會過去，別人對你的善意卻會維持很久。一個很好的點子可以做成一個大餅，然後分成很多塊。把這些功勞分給別人會讓別人更喜歡你，讓別人欠你人情，也讓他們變成你的盟友，等以後需要的時候，比較容易得到幫助。

仔細聽別人講話可能有點困難，尤其是外向性格的人。他們只忙著想自己想講什麼、忙著打斷對方，或忙著讓自己的思緒漫遊，讓別人的話左耳進右耳出。當然，如果你沒有仔細聽進去別人說的話、沒有仔細思考別人的話，就不可能有效回應。但是我們真的有可能完全把別人的話當耳邊風，什麼都沒聽見嗎？答案是：沒錯。早在半世紀前就有實驗證明這點了。

貓、老鼠、節拍器

心理學家用動物做了一些相當怪而且在道德上有疑慮的實驗。在這個實驗裡，貓的腦部裡有關聽力的區塊被置入電極，然後科學家就讓貓咪餓個幾天。等貓咪被餓得差不多了，科學家就把牠們放進一間有節拍器的房間，節拍器會一直滴滴答答地發出規律的聲音。科學家也在房間裡放了一台示波器，示波器會把聲波顯示在螢幕上，就像心跳可以被記錄成心電圖一樣。

結果發生什麼事？每次節拍器發出聲音，就會被貓腦部的電極接收到，同時在示波器上也會出現影像。這代表貓咪有聽到節拍器發出的滴答聲。到目前為止，你可能會覺得這實驗沒什麼了不起的，幹嘛不讓貓吃東西，要讓牠受這種罪。

但是這個實驗可不只如此，現在要開始變有趣了。科學家把一隻老鼠放進房間裡。貓咪馬上把注意力放到這頓大餐上，緊盯著老鼠的一舉一動。令人驚訝的事發生了，示波器的螢幕顯示靜止不動了。節拍器還在滴滴答答地運作，聲音也持續進入貓咪的耳朵裡，但是貓咪的腦部已經完全隔絕掉這個聲音了。牠一心一意專注在老鼠的身上，完全充耳不聞牠「聽到」的滴答聲。

我們人類也跟貓一樣。我們也有能力完全不去聽別人說的話。這整件事的結論就是，你在跟別人說話，不代表別人真的有在聽你說什麼。

注意對方的語言表達，確定自己有聽進對方說的話，這就是心理學裡的「積極聆聽」。如果想運用語言表達來建立友誼，積極聆聽就是你要好好練習的技巧。

要透過語言溝通建立友誼，你要記得這個四字訣：聽察說感（聆聽、觀察、說話回應、感同身受）。

守則一、聆聽：別人說話時你要注意聽，這樣才可以了解對方在說什麼

聆聽可不只是在對方說話的時候保持安靜而已。聆聽需要完全專注在對方講的話上。因為我們思考的速度比講話的速度快四倍，我們很有可能不小心就讓自己的思緒飄走了。你要記得克制住讓思緒飄走的慾望。

對方有沒有在聽你說話，是可以觀察得出來的，視線是否維持接觸就是一個觀察重點。視線接觸也是一個友好訊號，可以幫助你建立高強度的關係。視線接觸不是要你盯著對方看，而是在對方講話時，大概三分之二到四分之三的時間都要維持視線接觸，以建立連結，顯示你有注意聽對方說話。對方講話時，盡量不要打斷對方。這點對於外向性格的人來說特別要注意，因為外向性格的人很容易在對方講完之前就開始說話，甚至幫對方講完話，好讓說話權趕快輪到自己身上。

我們都喜歡讓我們說話的人，尤其是讓我們講自己的事的人。有一個不知名的作家曾說過：「朋友就是那些會問你『你好嗎』，還會真的等著聽你回答的少數人。」說得真好！

同理心句型就是展現你有認真在聽對方說話的極佳方法。要說出一個好的同理心句型，你一定要仔細聽對方說的話，或者是注意他們情緒或肢體上的表示。把對方的話換句話說，可以把對話的重點維持在對方身上。例如，如果你在百貨公司買東西，需要櫃姐或櫃哥幫忙，但你發現對方看起來很累，你可能不會得到預期的服務。為了讓自己得到比較好的服務，你可以用同理心句型，例如：「妳今天很忙吧？」或者是「今天工作很累吧？你應該等不及要下班了。」這些同理心句型向對方展示你有花時間注意他們的狀況，更重要的是，這讓他們感到開心。在非正式的對話裡，我們常常沒仔細聽對方說話。就算是一個很乾的對話，也可以透過同理心句型改善。例如，你的同事很熱情地跟你說他週末的湖畔假期，除非你也有去，不然你對這件事可能不會有什麼興趣。

但是運用一個同理心句型，就可以讓對方知道你有在聽他說的話，也對他說的事情有興趣，你可以說：「你應該玩得很開心吧！」。同理心句型就是對話的調味料。如果你能養成善用同理心句型的習慣，你就能逼自己更仔細聽別人說話。而這樣的結果就是，別人會對自己感到開心，也會開始喜歡你。

記得，我們都喜歡談論自己的事，也喜歡別人注意聽我們講話，這就又回到我們說過的友誼的黃金守則。如果你可以讓對方對自己感到開心滿意，他們就更有可能喜歡你，也願意接受你這個朋友。

「在十分鐘內建立信任感」是麻醉科醫生史考特．芬克斯坦寫的一篇文章的標題。在文章裡，他描述他的生活經常面對生死關鍵的問題，也強調遇到醫療危機時，醫生與病患之間的溝通非常重要。芬克斯坦醫生說：「我面對每個病人都十分專注，我維持眼神接觸，我聆聽病人的話，我認同他們的感受……他們的恐懼會漸漸消失、開始相信我。這一切都在十分鐘內可以完成。」

給別人講話的機會、仔細聆聽他們說的話、不插嘴、傳送肢體訊號表示自己對他們講的話有興趣，這一切會造成很大的影響，可以讓醫生得到病人的信任，也可以讓你得到別人的友誼。

守則二、觀察：任何對話裡，都要記得要觀察對方說話前、中、後的狀況，也要觀察對方聽你說話之前、中、後的狀況

當你跟另一個人互動時，你們兩人的溝通有兩個層面：語言溝通跟肢體表達。在語言溝通之前、過程中、講完之後，你都需要觀察對方的肢體語言。這些訊號就像是一個氣壓計，可以幫助你評斷這個對話是否恰當，是否進行得很順利，或者是對話結束後是否造成了什麼影響。身體往後躺、雙手抱胸、抿唇，都是很容易觀察的肢體語言訊號，告訴你對話並沒有進行得很順利。我們往往會跟不想看到跟聽到的事保持距離，這就是我們前面講的身體前傾的相反訊號。雙手抱胸是一個防衛性動作，可能代表這個人想要象徵性或實際防衛他們看到或聽到的東西。另外一個抽離的訊號就是看別的地方或看手錶，好像在暗示：「時間差不多了吧？」，或者是把腳、身體或兩者都轉向門口。當你看到別人開始從對話中抽離，你就該換話題了。你可能已經花太多時間講自己的事，沒有把注意力放在對方身上。

在對話開始之前，先觀察肢體訊號是很重要的。當然，觀察也不僅限於對話開始之前。如果一個人的非語言訊號傳達出對話可以開始，那就可以開始跟對方說話。但是不要以為這樣就可以停止觀察了！在對話進行的時候，持續觀察對方也很重要，因為這樣才能發現任何可能被忽略的潛

在問題。

遇到「文字地雷」尤其是這樣。

文字對不同的人可能產生不同的意義。運用這些字的時候，他們很有可能變成像地雷一樣，會把一段關係炸毀。當對話的一方覺得受到這些「文字地雷」的冒犯，他通常不會說什麼話來明確表示他不高興，但是他會開始跟你保持距離，也會漸漸疏離這段關係。但是，對方的肢體訊號可以幫助我們了解我們是否說了什麼冒犯到他的話。他們可能會皺一下眉，表現出震驚或驚訝的表情，或者是往後站一點。發現這些訊號之後，可以趕快跟對方說明自己沒有那個意思，也可以更進一步討論這個冒犯到對方的字對彼此有什麼樣不同的意義，這樣可以平息不好的感覺，讓對話帶著正面意義重新開始。文字地雷的麻煩點就在，我們不知道別人對某個我們認為是中性的字詞，會有什麼樣的情緒解釋。

我有一個朋友，有一次在演講教大家面試的技巧，聽眾是一群參加研討會的人。演講中，他說：「我們應該要更常傾聽，而不是一直講話。為什麼呢？因為上帝給你兩個耳朵，一個嘴巴，所以你應該把講話的時間乘上兩倍的時間來聆聽。」

在午餐休息的時候，研討會的主持人走進來宴客廳，然後告訴我朋友，有人檢舉他違反「工作機會平等法」，她來關切到底了發生什麼事。我的朋友又驚訝又困惑。他完全不知道會是誰檢舉他，也不懂為什麼會有人這樣檢舉他。

結果是因為剛剛演講時，其中一個聽眾的兒子只有一個耳朵，所以我朋友說「兩個耳朵一個嘴巴」時，這個爸爸就覺得我朋友在嘲笑他的兒子。

我朋友一聽到他被檢舉的原因之後，他就跟主持人解釋說，他說的話是存在已久的事實，而且他在講這句話的時候，一點也沒有要輕視別人的意思。

主持人卻沒有被說服。她說：「如果這個爸爸覺得被冒犯了，那我們就必須從他的角度來看待這件事，不管你覺得這句話到底有沒有冒犯意味。」

我朋友覺得這整個狀況真的太荒謬了。他根本不覺得他有做錯任何事，也不想要去跟那個父親道歉，因為他覺得他講的話一點都沒有不能接受的地方。

但是主持人也很堅持。「如果你想要保住你的飯碗，你就要去跟那個爸爸道歉。」

面對主持人下的最後通牒，我的朋友只好決定還是謹慎行事為妙，就去向那個不開心的爸爸道歉了。

課堂也是一個很容易讓文字地雷爆炸的地方，讓毫無防備的老師措手不及。之所以會這樣可能有兩個原因，第一就是因為現在的學生組成多元，第二是因為上課人數多。講到種族議題，老師上課時一定要小心，不要講一些可能對學生有不同意義的文字地雷。有一次我在上課時，我的筆電不知為何沒辦法開機。每次打開都只是黑屏。所以我就問我的學生說：「有誰知道要怎麼辦嗎？」有一個學生點頭，走過來幫忙，弄了一下之後把電腦還給我。我說：「好吧，現在螢幕是白的了，白的至少比黑的好。」

其中一個黑人學生立刻覺得被我的話冒犯了。他說：「你說『白的比黑的好』，你這樣是種族歧視。」

我完全沒有暗諷種族的意思。我講話時根本沒想到種族問題，我只是急著想趕快把筆電弄好開始上課。我的話是指電腦的狀態。黑屏代表電腦沒有開機，白屏則代表電腦開機了。換句話說，我的意思是，有開機的電腦總比沒辦法開機的好。但是學生用不同的觀點來解讀我的話，在他腦裡引起了很情緒化的反應。這就是文字地雷的可怕。

另一個老師也告訴過我一個很好的例子。她教的是國際管理學，也就是說她的學生很多是來自不同國家。有一次，大概是在學期中，在課堂開始之前，一個美國男學生走到另外一個男學生面前，跟他打招呼：「老狗，最近怎樣啊？」受到這個「招呼」的男學生，都快要出拳揍美國學生了。原來這個生氣的學生來自中東，在中東叫別人「狗」是一件非常不尊重的事。

千萬小心文字地雷啊，隨時警覺，也要準備好如何迅速搶救這段受傷的感情，以免造成更多傷害。我要再提醒大家一次：文字地雷的麻煩點就在，我們不知道別人對某個我們認為是中性的字詞，會有什麼樣的情緒解釋。因此，我們永遠不知道什麼時候會「踩到」文字地雷。如果，像剛剛我們講的，說話的人沒有注意觀察聽者的反應，他們可能連自己冒犯到別人都不知道。

大部分說話的人就算真的發現自己讓聽者產生了負面的反應，面對對方這樣意外的情緒反應，他們也不會試著化解危機，而會想要防禦自己的行為。這樣只會更讓對方更加不高興。說話的人如果踩到地雷，讓別人生氣了，還繼續為自己辯駁，會讓人覺得你很不體貼，也沒有同理心。而說話的人最後只會覺得很困惑，面對聽者的怒氣，不知道該怎麼辦或該說什麼。

同理心句型就是處理文字地雷最好的方法。運用類比的語言，可以描述對方的感受，並傳達給他們，表示你理解對方的感覺，也讓你顯得不像在防備。

如前所述，同理心句型的基本句式是：「所以你……」。這個基本句式把對話的重點放在對方身上，而不是在講錯話的人身上。我們很自然而然地會想要說：「我了解你的感受。」這種話只會讓對方覺得：「你才不了解我的感受，你又不是我。」

同理心句型讓對方能夠發洩情緒。只要這個壓抑的情緒可以被釋放，對話就可以回到一個正常資訊互換的層面。避免跟正在氣頭上的人唇槍舌戰，可以增加關係存活維繫的可能。

一旦你踩到文字地雷，你就要記取教訓。要記得在心裡把這個有爭議的字貼上標籤，預防未來再踩到一次。可惜，文字地雷的問題沒有那麼容易擺脫。事實上，網路世界裡更是埋有各種危險的文字地雷，你永遠無法確定你會不會踩到。

溝通上的誤會在未來可能會越來越嚴重，因為我們越來越依賴電子媒介，比如簡訊、電郵、網路貼文等等。我記得簡訊剛開始流行的時候，有一次我傳簡訊給我女兒。她回我三個字母：「LOL」我回傳：「我也愛妳。」她回答說：「哈哈，LOL是哈哈大笑的意思啦。」我回她說：「我以為是『滿滿的愛（Lots of Love）』的意思。」她最後還是傳了：「爸，我也愛你。」我那次出的糗最後是以笑聲做結，但是這個例子展現出，沒有肢體訊號的輔助下，溝通很可能會造成誤會。用電子媒介跟別人互動時，想避免誤會，就不要諷刺、不要用雙關、也不要故意輕描淡寫。

在這個充滿文字地雷的世界裡，要讓你的口語溝通還是能有效運用，以下有幾個好方法：

1. 講話之前先仔細思考你要用的字，看看有沒有潛在文字地雷，有的話就把這些字從你的話裡刪除。

2. 講話時觀察你的聽眾，看看他們在聽你說話時有沒有奇怪的反應，如果有的話可能代表文字地雷已經引爆了。

3. 不要因為對方覺得被你的用字冒犯，就覺得生氣或是開始為自己辯駁（就算你一開始不知道這樣講會冒犯到人家）。

4. 要立刻確認對方不開心是否是因為你踩到了他的文字地雷。如果是的話，要向對方道歉，跟對方解釋你並不知道這個字對他來說會有負面的意思，然後向對方保證你不會再用這個字了，當然你也要說到做到。

噘嘴

沒有人會讀心術，但是觀察肢體動作表情，也可以猜出對方在想什麼。有些肢體訊號比較明顯。明顯的訊號比較容易被觀察到，也比較容易解讀。然而，明顯的訊號也比較容易控制，讓說話的人比較容易隱瞞自己真正的想法。不明顯的肢體訊號比較難控制，也會傳達出更私密的訊息。雙唇就是可以透露這些微妙訊息的身體部位。

噘嘴指的是一種輕微的、幾乎看不出來的動作，把嘴唇嘟起來或者是讓嘴唇變成圓形。這個動作表達不同意別人的意見。嘴唇嘟起越明顯，意見越強烈。

知道別人在想什麼就給你很大的優勢。因為你要在他們有機會講出自己的想法前，就讓他們改變心意。一旦對方把自己的意見或決定講出來，要改變他的想法就變得比較困難，因為根據心理學的連貫性原則，對方會想維持前後一致的決定。做決定時很容易造成一定程度的壓力。當我們做完決定之後，這種壓力感就會消失。因此我們比較不願意改變心意，因為這樣我們就必須要承認一開始的決定是錯的，再次造成壓力。不管對方的話多有道理，堅持自己立場都能比重新做決定承受更小的壓力。

不管是跟伴侶、同事、或朋友互動，觀察對方有沒有嘛嘴都是很有用的，因為這個肢體訊息可以告訴你別人在想什麼。但是嘛嘴可不是敵對訊號，對方就算跟你在一起很開心，還是有可能會運用這個訊號。

記得，觀察對方是否嘛嘴之所以很重要，是因為一旦對方對你的想法或提議說出了反對的意見，大家想維持前後一致的心態就會出現，想要他們改變心意就變得很難。嘛嘴能讓你立刻觀察到對方的負面反應，也給你機會在對方把自己的意見說出口之前，就先下手為強，讓對方比較有可能接受你的點子或提案。

不管是在公領域還是私領域，你都可以運用這個肢體訊號來增加自己溝通的有效度。這裡有一個例子，想想看如果你對太太說這樣的話：

「老婆，我覺得我們可以規畫一下財務，買一艘小船，這樣我就可以去釣魚。（你可以把小船替換成任何你想要買的東西）」

你開始告訴太太如何規畫財務時，你就會看到太太開始嘛嘴。她心裡已經想好了一句話，而這句話絕對跟你的想法不同。（她噘嘴就是告訴你，她可不想要你白花她的錢！）你現在就知道，你應該要在她告訴你她反對之前，快點告訴她額外的正當理由，否則她說出口的反對，會讓你更難得到那艘船，或者是其他你想要買的高價商品。小姐太太們，這個技巧在男人身上也適用。

工作時，我總是想要替自己的行動爭取更多人力跟經費補助。這兩項資源都很難取得，我必須跟別人競爭。我記得有一次在跟老闆解釋我的某一個計畫為什麼需要錢的時候，我看到他嘟起嘴。我就知道他已經想好要否定我的提案，我需要在他有任何機會說不之前，趕快讓他改變心意。如

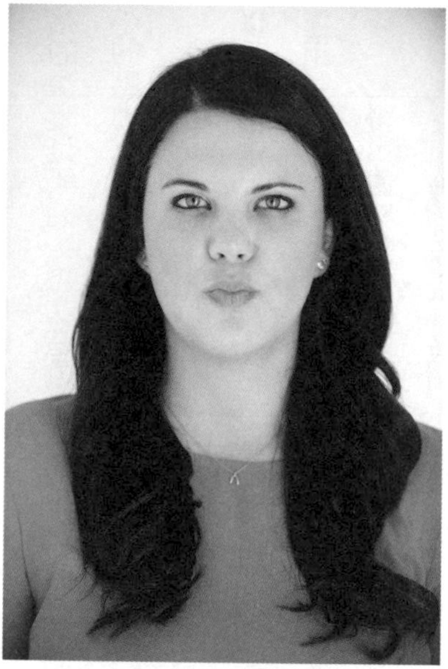

噘嘴

果他當眾拒絕我的提案，要改變他的心意就是不可能的任務了。

為了攔截他的拒絕，我運用了同理心句型：「老闆，我猜你大概覺得這個點子沒有用，但是我要跟你解釋為什麼這真的行得通。」我知道老闆不同意的癥結點是什麼，因為當我講到某句話時，他就會噘嘴。所以我知道他考量的點是什麼，而我對他說的這句話替我爭取了更多時間，在他真的拒絕我之前，說服他我的點子值得投資，因為等他真的說出口，情勢就很難逆轉了。

下次你跟上司提議一件事或一個計畫時，仔細觀察他有沒有噘嘴。如果你的上司在你講話時有噘嘴，你就知道他已經有跟你不同的想法了。你一看到噘嘴，就要在上級真的說出口之前，試著改變他的想法。準備好一句同理心句型，例如：「所以，老闆你可能覺得我講的沒什麼道理。但是有幾件事可以證明我的提案是我們現在可以採取的最佳辦法。」這樣就表示你了解上級對這件事的疑惑，也在他說話否定你之前，提供證據改變他的心意。

咬嘴唇

咬嘴唇

還有另外一個「讀心術」，就是觀察對方是否在咬嘴唇。咬嘴唇就是輕輕地用牙齒咬或拉扯上唇或下唇。這個肢體動作表示這個人有想說的話，但是由於各種原因，有點猶豫而不想說。因此美國才會有這個俗語說「咬緊嘴唇」，意思就是閉上嘴巴，保持沉默。我在上課時常常看到有人咬嘴唇。我把這個動作當作一個該運用同理心句型的暗號，我會說：「看來你有話想說？」來鼓勵同學把心裡的想法講出來。大部分的學生都很驚訝，覺得我怎麼會知道他們在想什麼，也會因為我注意到他們而覺得很開心。

抿嘴

抿嘴跟咬嘴唇有類似的意思，但是這個動作比較有負面意涵。把上唇跟下唇緊壓在一起，就是抿嘴。抿嘴代表跟你講話的人有話想說，但是不願意說出來。在嫌犯認罪之前，我常常會看到他們抿嘴。嫌犯想要認罪，但他們會把上下嘴唇壓緊，防止自己真的說出口。

抿嘴

觸碰唇部

自己用手、指尖、或者是別的東西碰自己的嘴唇，代表對於你們在討論的這個話題感到不太自在。刺激嘴唇會暫時分散自己的注意力，不那麼聚焦在這個敏感話題，因而能降低焦慮感。嫌犯常常會不自覺地傳達出這類訊號。看到之後，我就會運用同理心句型，說：「這個話題好像讓你不太自在」，繼續發展這個對話。嫌犯可能會承認或否認，但通常嫌犯都會解釋為什麼他們覺得不自在。

觸碰唇部代表感到不自在。

這個訊號在職場跟社交場合都很有用。例如，如果你一對一地在跟一個客戶推銷新產品，你看到客戶用手指碰自己的嘴唇，就要注意了。一看到這個肢體訊號，你就要運用同理心句型，你可以說：「你之前沒用過這個產品，現在可能會有點疑慮」，引導你的客戶說出他心裡對於產品或服務感到的疑慮。一旦你知道客戶的疑慮之後，你就可以調整你的策略，更有效地推銷你的產品或服務。

在社交場合裡，你可以透過觀察對方來避免尷尬的場面。如果你講到一個敏感的話題，看到對方嘟嘴或抿嘴，你就最好在造成傷害之前換話題。等到跟對方的關係鞏固之後，你就可以繼續討論這個話題。

守則三、說話回應：你說話的方式跟內容會影響你維持友誼的有效度

說話的方式有時候跟你說的內容一樣重要。要特別注意的就是你說話的語氣，不管你真正在說的內容是什麼，講話的語氣都會對聽者透露出你的想法。你受對方的吸引程度、對他的興趣高不高，都是透過語氣來傳達的。

你說話的方式影響別人理解你訊息的方式，也影響別人對你的看法

語氣可以傳達文字無法傳達的訊息。低沈的聲音可以表達對對方的好感，而高的音調則是表達驚訝或懷疑，音量太大會讓人覺得你很蠻橫不講理。你說話的語調可能會讓別人感到被接受，或是立刻讓他們覺得被拒絕在外。

講話的速度也會影響對話。講話講得很快，會造成一種急迫感。遇到無聊的對話時，可能暗示你想要快點結束這個對話。把字慢慢地說出來，可能代表對對方有好感。電影裡的演員就很常把開場問候的「哈囉」拉長一點，以表示他對對方有好感。相反地，語速慢、音量小、無語調起伏

的講話方式代表對聽者沒有興趣，或者是說話的人非常害羞。但是，語速慢、音量小、正常語調起伏的講話方式則代表同情。在一些不幸的場合或葬禮，常常能聽到這樣的對話語氣。

大部分的家長都會運用語氣起伏來管教小孩。我常常會對我的小孩用低沈、緩慢的講話方式來表達我的不滿。如果我非常不高興，跟其他父母一樣，叫小孩的名字時，我就會把他的全名拉長。簡短的一句「很棒」則表達了認同。

聲音的語調會傳達你的情緒。我有芝加哥腔，所以我常常會把字唸得很簡短。我人在芝加哥的時候，沒有人注意到這種腔調，因為大家都是同樣的講法。但當我去美國其他地區時，別人會覺得我很強勢、不把別人放在眼裡。諷刺的言語如果沒有搭配腔調運用，來暗示聽者其實這句話有弦外之音，就有可能會被誤讀。所以在傳電子郵件或者是簡訊時，都應該要避免運用暗諷。

語句起伏也是對話輪流的依據。在句尾把你的音量降低，就是暗示你已經把話講完，現在輪到對方講話。如果你在句尾把音量降低，卻繼續講話，對方會覺得很挫折，因為他們會覺得現在應該輪到他們。滔滔不絕不讓別人說話，違反了友誼的黃金守則，因為這樣會把對話重點放在自己身上，而不是放在對方身上。

而如果你在對方還沒有表達讓出「說話權」的暗示時，就開始講話，就算當時對方已經把句子說完了，還是會阻礙友情的培養。違反對話的禮節可能會讓對方生氣，並對友情發展造成傷害。

養成習慣，在開口講話之前，要先暫停零點零一秒，或零點零二秒，尤其如果你是外向性格的人。這個短暫的暫停，讓內向性格的人有機會可以釐清想法。記得，內向性格的人常常會在講話前先思考。如果你打斷了他們的思考，他們就會覺得很有挫折感，也因此比較不會喜歡你。這個短暫的暫停也能讓外向性格的人思考他們要說的話是否合宜。這樣的習慣幫我避免了各種尷尬的時刻。

你說的話也會影響別人理解你的訊息的方式，和別人對你的看法

這句話聽起來很像常識，某種程度上來說也的確是。但是這裡的重點是教你說一些特定的話，或者是用某種你平常不會用的方式來結交朋友和維持友誼。下面有一些口語表達的策略，你之前可能忽略了這些策略或覺得它們不重要，因而讓你的人際關係受害。

策略一：你是對的，對方是錯的的時候，要給對方一點面子，把你的想法用最不會讓對方難堪的方式表達出來。對方會因為你的努力而更喜歡你。如果你是對的，卻不給別人留一點情面、讓他有台階下，就會破壞你們之間的友誼。

我自己就經歷過這個慘痛的教訓，我那時在演講，講解如何寫報告書，聽眾是一群假釋官。在開始演講之前，我跟幾個聽眾聊他們目前撰寫報告的方式。其中一個聽眾告訴我，他的主管是報告書達人。另外一個人也附和地說「他真的很懂」、「他根本就是寫作大師」、「他逼我們用各種不同的說法來講同一件事」、「我們真的很需要他」等等。

我看了這個主管一眼。他的眼睛閃耀著光芒，嘴角驕傲地上揚。這段對話跟主管的反應就是給我的警示，但我卻沒有注意到。這個主管的自尊來自於身為團隊中的文字大師，而他的寫作名聲也延伸影響到他對整個機構的價值。

在我的演講中，我示範了一個簡單有效的報告書寫法，是平常 FBI 內部寫報告書在用的方法。許多聽眾都說他們會改用這個方法，因為比較簡單，也會降低他們的報告書在法庭被推翻的機率。但是，剛剛那位主管卻反對這樣的方式，讓我很震驚。他說這個寫報告書的方法也許在 FBI 管用，但是不一定適合他們的機構。他說他大學是唸英文的，他相信運用不同同義字的創意報告書比一直用同樣字詞的報告書有趣多了。接下來我就鑄下大錯了。我邀請這個主管跟我一起做情境扮演，來證明我是「對的」，也因此讓他變成「錯的」。我問他，「說」這個動詞還可以用什麼詞來替換，他說了以下幾個選擇：「告訴」、「說明」、「提到」。我打斷他，然後請他扮演假釋官，而我扮演辯護律師。他答應了。我們的對話如下：

我（辯護律師）：「假釋官，請你定義你在報告書裡使用的『陳述』是什麼意思。」
主管（假釋官）：「很確信地表達一件事。」
我（辯護律師）：「謝謝，那麼假釋官，請你定義你在報告書裡使用的「說明」是什麼意思。」
主管（假釋官）：「談論一件事。」
我（辯護律師）：「謝謝假釋官。那麼你是說我的客戶一開始是非常確信地說一件事，而第二件事他則沒有非常確信。」
主管（假釋官）：「不，我不是這個意思，嫌犯說這兩件事時都是非常確定的。」
我（辯護律師）：「但是你報告書裡不是這樣寫的。依照你對於「陳述」跟「說明」這兩個字的定義來看，你是說嫌犯說第一句話時是很確定的，而第二句話則沒有很確定。是這樣嗎？」
主管（假釋官）：「不，嫌犯說這兩件事時都是非常確定的。」
我（辯護律師）：「如果他說這兩件事時都是非常確定的，那你為什麼不都用「陳述」這個字就好？」
主管（假釋官）：「呃，我不知道。」

我贏了，但是卻付出了慘痛代價。我為了證明自己是對的，搞砸了一切。從那個時候開始，空間裡瀰漫著緊張的氣氛。我逼聽眾在我的寫作方式跟主管的寫作方式之中選擇。而當然，他們選了主管的方式。

這種慘劇每天都在發生，在家裡和職場都會。我們不是故意的，但卻讓我們的老闆、同事、朋友、伴侶跟我們疏離，造成不必要的衝突與緊張。

其實有更好的方法。雖然自己是對的，但不需要讓別人覺得他們是錯的。不要強調自己是對的，反而你要去徵求別人的意見，這樣可以讓他們也加入決策過程。除此之外，他們也會對自己感到滿意，因為你來向他們尋求意見，這樣讓他們的地位提高了。友誼的黃金守則說，如果你想讓別人喜歡你，就要讓他們感到開心滿意。

運用這種「徵詢意見」的策略，會讓你還是身處正確的一方，同時得到你想要的結果，並且維持（甚至增強）兩人之間的友誼，因為對方的面子保住了，他們的尊嚴就可以繼續維持，而不會被別人視為是「錯了」。

下面這個例子，是一個下屬跟老闆之間的對話，可以幫助我們了解徵求意見的技巧。下屬在老闆草擬的新規定裡找到一個錯誤。她沒有立刻跑進去跟老闆說她是對的，反而是去尋求他的意見。

下屬：「老闆，你現在有空嗎？」
老闆：「有，怎麼了？」
下屬：「我剛剛在看你的新規定。我注意到一件事，想問你的意見。」
老闆：「好，我看看。」

下屬現在就可以指出規定裡的矛盾之處，而老闆就有機會可以改正錯誤，不會顏面盡失。

業務人員遇到老客戶或新客戶時，也可以運用同樣的技巧。出版課本的出版社常常會派業務來我辦公室，推銷新書來當我課堂上的教材。他們不會在他們的銷售技巧上做一些彈性變通，只會說他們的書比我目前在課堂用的書好。這些業務說的可能是對的，但這樣的推銷方式卻會造成反效果。業務這樣說，就表示我教材選得不好。發現自己選的教材不好，不會讓我對自己感到滿意。如果業務在自我介紹之後，說的是「教授，我們這本新教材是為您的課程設計的，我們想聽聽看您有什麼指教。」這樣我更有可能把業務的話聽進去。

身為 FBI 探員，我總是很害怕在我終於可以好好飛去度假的時候，會被要求去處理一個難搞的乘客或危機。這件事還真的發生了，就在一班早上六點飛離洛杉磯的班機上。我登機了，安安靜靜地坐在位置上，一個空服人員走來，說後面有一個乘客酒醉，機長想要他下飛機。我回頭看，看到一個乘客在走道上跌跌撞撞，而另外一個空服人員在對這個乘客大吼大叫：「你給我下飛機，你這白癡！」這樣做可真是太有幫助了。站在我面前的空服員說：「你是 FBI 探員，你可以讓他下飛機吧。」

我想：「也好，就運用一下我的所學。」於是我走到那個靠著座位的男人身邊。我告訴他我是 FBI 探員，給他看我的徽章跟證件，建議他坐下來聊聊。他沒有醉到無法理解我說的話。於是他坐下，我則坐到他隔壁的位置上。

我用其他乘客聽不到的聲音小聲對他說：「你聽我說，不管怎樣你一定是要下飛機的。機長要你下飛機，你就得下飛機。但是，你還是有選擇。你可以保有你的尊嚴，走下飛機，到航廈去跟航空公司抱怨，等等再搭下一班飛機去達拉斯。或者呢，我必須逮捕你，把你銬上手銬，然後強迫你下飛機。你就得去吃牢飯，花錢把自己保出來，然後再接受審判，也有可能會判你坐牢。」我輕聲對他說：「那麼，先生，這是你的決定，我會讓你做這個選擇。花個幾秒想一想。你想要怎麼做？」

這個乘客很快就說：「我想我還是下飛機，去跟航空公司抱怨，然後搭另一班飛機好了。」

我回：「我想這是一個很明智的抉擇。來，我送你下飛機。」

我陪這個男人回到航廈後，再回到我自己的座位上，剛剛那個來跟我說話的空服人員問我，我怎麼讓這整件這麼難堪的事結束得這麼平靜。我告訴她，我給了這個乘客機會，讓他自己做選擇。

我給他機會，讓他覺得在這個狀況裡他還有一點控制權，他可以選擇自己的命運。而且，最重要的是，我提供他一個離開飛機，卻又不用顏面盡失的方法，把難堪降到最低。

想一想

讓別人覺得他對於目前的狀況還是有某種程度的控制，可以達成很多驚人的事，對小孩也適用。其實，家長能用這個方法來幫助小孩做決定，尤其是當小孩年紀還小的時候。小朋友就跟大人一樣，會想要覺得他們可以控制自己的生活。爸媽給小朋友機會去選他們的命運，就可以創造這種掌控感的錯覺。父母不需要失去權威就可以達到這件事。例如，你帶兒子出去吃飯。你已經決定要去麥當勞或漢堡王點兒童餐。你不想要兒子選別的餐廳，但是你還是希望他練習做決定。你可以把「要吃什麼」這個選擇縮小變成這兩者之間選一，例如說：「我們要去吃飯了。你想要吃麥當勞還是漢堡王的兒童餐？」這種二選一的問題讓小朋友覺得自己有選擇權和控制權，但其實真的有控制權的人是你，因為是你決定有哪些餐廳可以選擇，而且你也把餐點選擇限制在兒童餐。

業務也很常用這種二選一的問題。你去車子代理商那裡，好的業務不會問你是不是要買車，他們會問你喜歡藍色的車還是紅色的車。如果你回答「藍色」，業務就會帶你去看藍色的車。如果你回答「紅色」，業務就會帶你看紅色的車。如果你回答了藍、紅以外的顏色，業務就會帶你去看那個顏色的車。好的業務給顧客一種錯覺，讓顧客以為自己有對於買車有控制權，但是其實業務是透過一個精心設計的行銷策略在引導你。

策略二：運用「提高地位」的語言技巧來讓別人對自己感到滿意，讓他們把你當作朋友。提高對方地位，可以滿足對方的自我認同，我是跟我兒子布萊恩在逛書店的時候發現這個技巧的。當時有一位作家在書店前搭設的棚子裡面簽書。除了她外，沒有其他人在棚子裡，所以我跟布萊恩就去跟這位作家講話。我兒子跟她說話的時候，我就在旁邊看她的書。我發現她的寫作風格讓我想起珍奧斯丁。我告訴作家我的想法，她的雙眼亮了起來，臉有點紅。她回答：「真的嗎？我沒有什麼時間寫作。我有三個小孩，我先生是軍人，常常不在家。我想要回大學拿到學位。我當初因為要結婚所以離開學校，到現在一直很後悔。」我只說了一句話，這位作家就掏心掏肺告訴我她的人生故事，好像我是她很久不見的好友。

我用了這個技巧幾次，都得到同樣的結果。有一次，我遇見一位很有志向的共和黨年輕政治家，我們聊政治聊了幾分鐘，我說他的政治風格讓我想到雷根總統。這個年輕人就很驕傲地告訴我，他受到怎樣的家庭教育，他去哪裡唸大學，還有很多其他的私人資訊，這些都表示他覺得我是一個值得他喜歡的人。提高別人的地位，有時候只要講一兩句讚美就可以達成。

有一次，我訪問了一所高中的守衛，因為學校前天晚上出現了一些種族歧視的塗鴉。在訪問的開始，我試著要跟守衛建立友好關係。我說他工作量很大，要自己一人照顧這麼大一棟建築物。他告訴我他設計了一個系統，整理出整棟大樓裡某處到某處最短的距離，讓他可以同時完成很多事。我回說，其他同樣大小的學校都會需要請好幾個人才能完成他一個人就可以處理的事。（我提供了他自己誇獎自己的機會。）

隨著對話的進行，很明顯地我已經跟這個守衛建立了很穩固的關係。他跟我非常詳細地解釋他如何設計他的巡邏路程，還跟我分享了老師跟行政人員的故事。這些故事都很有趣，雖然對我的調查沒什麼幫助，但我還是專心地聽，過程中，他就變成我的朋友了。我給他我的名片，告訴他如果有什麼有關塗鴉事件的新消息，可以打給我。

幾週後，他打來告訴我學生之間流傳的謠言。結果這個謠言是真的，也因此揪出了塗鴉的人。

如果我沒有在那唯一的一次見面跟他建立起良好的關係，他很有可能不會特別打電話給我，告訴我這個謠言。

守則三：如果你想要從某人身上得到一些訊息，但又不想引起他們的懷疑，或讓他們變得很有防衛心，你就可以用引導的方式。在對話中運用引導的技巧，從對方身上得到訊息，卻不會讓對方發現或懷疑你的目的。

別人問我們直接的問題時，我們常常會猶豫，尤其是一些會觸碰到敏感話題的問題。如果你希望別人喜歡你，你可以運用引導來引出這些敏感的訊息，不要直接問問題。引導這個技巧鼓勵別人告訴你一些敏感的資訊，不用真的開口問。

問問題會讓別人起防衛心。沒有人喜歡別人多管閒事，尤其你們才第一次見面。但諷刺的是，就是因為你們剛見面，你才需要知道更多有關對方的事。你知道越多有關對方的事，你就越容易發展出策略，跟對方培養成功的人際關係或合作關係。

引導是一種能力，可以從別人身上得到敏感資訊，卻又不會讓他們發現。在我情資的職業生涯裡，曾訓練探員從敵人身上得到敏感訊息，同時也跟對方維持良好關係。引導的特點如下：

1. 幾乎不會問對方問題，因此不會使對方起防衛心。
2. 整個過程很自然放鬆，因為你的目標根本就不知道他們正在告訴你一些機密的私人訊息。
3. 別人會喜歡你，因為你把注意力完全放在他們身上。
4. 有些人會感謝你，覺得你人很好，未來還會想跟你聯絡，這又提供了另一個機會從他們身上得到更多訊息。

引導非常有用，就是因為引導是根據人類的需求發展出來的。

透過假設引導別人

我們都喜歡自己是對的，但是我們更喜歡糾正別人。透過假設引導別人，就是說出一件可能是對的，也可能是錯的事，來引導對方回應的技巧。如果假設對了，對方會肯定你說的話，有時候還會告訴你更多相關訊息。如果假設錯了，對方會提供正確答案，通常也會詳細跟你解釋為什麼這個才是正確的。

我最近打算買一件珠寶，但我不想要付全額售價。為了要得到最低的價錢，我必須知道我要去購買珠寶的這間店，對於進貨後的珠寶加了幾成的利潤，還有是否會給店員抽個幾成。當然，這種資訊一定是機密。我知道如果我直接問有關價錢的問題，一定不會得到我想要的答案，無法有效地殺價，所以我就運用了引導來得到我想要的資訊。

店員：「需要介紹嗎？」

我：「對，我想幫我太太買一條鑽石項鍊。」

店員：「我們有很多選擇，我來為您介紹。」

店員給我一個絲絨盒子，裡面有好幾條項鍊，我很專注地看著其中一條。

我：「這條多少錢？」

店員：「一百九十元美金。」

我：「噢，這樣你們的利潤應該至少有十五成吧。」（假設句）

店員：「沒有，我們只有加五成。」

我：「再加上妳的一成。」（假設句）

店員：「我不會拿到那麼多，只有百分之五。」

我：「我想妳可能也沒有辦法幫我打折。」（假設句）

店員：「我可以幫你打九折，如果要更多的折扣，就要問經理了。」

事情進展到這邊，我要嘛就接受九折，或者是繼續殺。那時經濟很不景氣，我想經理在還是有賺錢的情況下，可能會願意給我更多的折扣。

我：「妳可不可以問經理，叫他給我六折。」（店員走到員工辦公室，我耐心地等著。她幾分鐘之後回來了。）

店員：「經理說，如果你付現金的話，他可以給你七折。」

我：「這是要送我太太的。」

店員：「沒問題，我幫你用禮盒包起來。」（我不但省了五十七美元，還得到免費禮物包裝！）

這個例子裡，我運用引導，而不是直接問問題，因此得到了更多珍貴的資訊。我有辦法確定店家賣珠寶的利潤是多少（五成），還有店員可以抽多少佣金（零點五成），這樣我才能很有把握地殺價。如果我不想要議價，我也可以接受店員一開始給我九折，省下十九塊美金。要是店員沒有向我透露這些訊息，我本來還要付全額售價。根據店員的行為推測，她根本沒有發現她已經不小心透露了他們的機密。

同理心引導

同理心句型有很多用法，你也可以把他跟引導技巧結合。我們這邊要討論同理心假設句跟同理心條件句，就是同理心句型搭配引導的技巧，這兩種句型都是根據人類追求「正確」的需求發展出來的。銷售人員很常用同理心引導技巧。顧客比較不會跟不喜歡的人買東西。銷售人員運用同理心引導，可以達成兩個目標。第一，同理心句型可以很快地建立起關係，第二，同理心引導可以引導客戶說出一些他們不會願意說的資訊。

同理心假設句就是把對話重點放在客戶身上，然後把一件事說成是事實。這個假設可能是真的，或者只是假設。如果你的假設對了，客戶通常會繼續告訴你相關的資訊。銷售人員這時候就會根據客戶的回應，繼續運用另一個同理心句型，來引導出更多訊息。如果假設錯誤，顧客通常都會糾正你的假設。請看以下的例子：

銷售人員：「需要介紹嗎？」

客戶：「嗯，我得買新的洗衣機跟烘衣機。」

銷售人員：「你的舊洗衣機跟烘衣機快壞了嗎？」（同理心假設句）

客戶：「沒有，我是要搬家，新的公寓比較小。」

銷售人員：「噢，那你要找比較小的洗衣機跟烘乾機囉，我們這有一款賣得很好的雙層式洗衣機，我帶你去看。」

客戶：「好。」

銷售人員聽到客戶說：「我得買新的洗衣機跟烘衣機」，這句話可能代表客戶目前在用的洗衣機跟烘衣機壞掉了。銷售人員於是就運用了同理心假設句，把對話重點放在客戶身上，鼓勵客戶肯定或否定他的假設，他說：「你的舊洗衣機跟烘衣機快壞了嗎？」客戶糾正銷售人員說：「沒有，我是要搬家，新的公寓比較小。」這則資訊就幫助銷售人員辨識客戶到底想要買哪種洗衣機跟烘衣機。客戶說「我得買」，表示他是認真考慮購買洗衣機跟烘衣機，而不只是看看。銷售人員在對話的一開始就得到了重要的訊息。首先，客戶是認真要買東西的，而銷售人員也知道客戶想要買哪種洗衣機跟烘衣機。這些資訊節省了客戶跟銷售人員時間。客戶可以把他需要的產品帶回家，銷售人員也可以有更多時間來服務別的客人。

同理心條件句就是把對話重點放在客戶身上，然後提出客戶可能會購買產品的一些前提。

銷售人員：「需要介紹嗎？」

客戶：「不用，我只是看看。」

銷售人員：「你還沒決定想要買什麼樣的車？」（同理心句型）

客戶：「我需要新車，但是我不知道我買不買得起。」

銷售人員：「所以如果價格在預算範圍內，你就會想要買嗎？」（同理心條件句）

客戶：「對啊。」

銷售人員：「你喜歡紅色的車還是藍色的車？」

客戶：「藍色。」

銷售人員：「我們可以看看符合你預算的藍色車子。」

顧客在回應銷售人員的同理心引導時，指出了他可能不會買車的原因。銷售人員於是運用了同理心條件句，把對話重點維持在客戶身上，同時也把「如果……就會……」的假設句帶出來：「所以如果價格在預算範圍內，你就會想要買嗎？」這句話就是在假設，假如某些條件有達到的狀況下，顧客會買車。而這個例子裡，這個條件就是價格。同理心條件句讓銷售人員辨識出客戶購物的條件。運用這則新的資訊，銷售人員就可以帶客戶去看符合他預算的車子。

回饋機制：運用以物易物原則

當我們受到別人的幫助，不管是心理上的還是實質上的，我們都會覺得需要回饋別人等值，或者是更多的幫助（互惠法則）。以物易物原則就是一種鼓勵對方說出類似資訊的引導技巧。例如，你第一次見到一個人，你想知道對方在哪裡工作。與其直接問他：「你在哪裡工作？」你可以先告訴他們你在哪裡工作。對方就會回饋，告訴你他在哪工作。這種引導技巧可以讓別人說出他們的資訊，卻不會讓別人覺得你侵犯到他們或者是很愛多管閒事。

如果你不想要別人知道你在哪裡工作，但還是想知道他們在哪裡工作，你可以用一種新的問法來詢問，得到你想要知道的訊息，卻不必回饋對方。你可以說：「你在哪裡高就？」。這句話跟「你在哪裡工作？」比起來，比較能排除回饋對方的需要。

我在跟嫌犯面談的時候常常使用互惠法則，我會在面談開始時請嫌犯喝東西，例如咖啡、茶、水、或汽水（面談其實就是電視上常常演的那種審問）。我這麼做可以引起回饋。透過提供的飲料，我希望可以從對方得到一些回饋，例如機密資訊或者是自白。

你在跟別人說話時，應該盡力追求兩人的共同點（相似法則）。你也可以運用同理心句型來讓對話的重點維持在對方身上。總之，你要讓對方對自己感到滿意（友誼的黃金守則），如果你成功了，他就會喜歡你，以後也會想要花時間跟你在一起。

用第三人稱觀點來找出對方真正的感受

通常，我們都不太願意講有關自己的事，也不願意告訴別人我們對於某件事或某個人的想法。但是，我們比較不會怕討論別人的事。你可以運用這個特質，來得到對方一些非常私密的訊息。只需要運用內部焦點與外部焦點的引導技巧就可以達成。

這邊有一個例子，示範如何運用這個技巧。單一伴侶的戀愛關係中，大部分的戀人都會想知道對方有沒有可能劈腿。如果你問你的伴侶是否會劈腿，你很少會聽到這種回答：「會啊，那對我來說沒什麼大不了的。」他們可能心裡這樣想，但絕對不會大聲說出來。

想要知道你的愛人到底對劈腿有什麼看法，你就需要用第三人稱觀點來討論這件事。不要直接問：「你對劈腿有什麼看法？」，而是要問：「我的朋友蘇珊發現她丈夫劈腿，你對這件事情有什麼想法？」當討論的話題是發生在第三人身上的事件，我們比較會用自己內心的想法來回答，告訴對方我們真正的看法。

當然，你希望聽到的答案是：「劈腿是錯的。我絕對不會這樣對你。」但是，你也要有心理準備，有可能會聽到：「現在大家都會偷吃啊。」或者「如果太太沒辦法滿足丈夫的需求，那男人不劈腿還能怎麼辦？」或是「如果我太太像她對他那樣對我，我也會偷吃。」還有「不奇怪啊，他們最近處得不好。」

這些答案就反映出一個人對於劈腿真正的想法。這個例子裡，回答這些答案的人，覺得婚外情在某些狀況下是可以接受的，所以他就有可能在這些狀況下偷吃。這些「第三人稱觀點」的討論回應，並不是完全準確，但是的確可以提供我們一些線索，幫助我們了解我們的愛人是否可能劈腿，第三人稱觀點的回應也比你直接問他這些問題得到的答案，更貼近他的真正想法。

我的學生琳達在跟一個小伙子認真交往，兩人也有考慮要結婚。琳達有體重問題，她為了保持身材很常運動。但是她知道她變老了之後一定會變胖，如果懷孕也一定會變胖。她想要知道如果她體重變重，她的男友會怎麼想。她擔心他會無法接受。

有一天晚上，琳達邀請男友一起看一個減重的電視節目：減肥達人（The Biggest Loser）。這個節目很殘酷地請肥胖的人來參加一期減重訓練，他們要運動、節食，還有改變生活型態來減肥。最後減去最多重量的人，就可以贏得大獎。節目看到一半，琳達的男友說：「如果我的太太變得那麼胖，我就把她踢出家門。」

琳達的擔心成真了。她的男友從第三人的角度來評斷這些人時，透露了他真正的想法。琳達用直接的問題測試他：「如果我變得很胖，你也會把我踢出家門嗎？」她的男友當然說：「才不會呢，寶貝，不管妳多重我都愛妳。」

但是運用這個內部焦點與外部焦點的引導技巧，琳達發現了男友真正的想法，最後終於決定跟男友分手。

如果你有小孩，你也可以運用內部／外部的引導技巧來測試他們對於一些敏感議題的想法。例如，假設你想知道你的小朋友有沒有吸毒。如果你直接問他們：「你有沒有吸毒？」他們就會告訴你社會規範認可的答案：「當然沒有啊，吸毒不好。」

要知道孩子對毒品真正的想法，就要採取第三者的角度來問問題。例如：「我朋友的兒子在學校被抓到身上有大麻，你怎麼看這件事情？」你希望聽到「大麻不是好東西，我絕對不會吸大麻。」但是，你也要有心理準備，可能會得到這樣的回答：「太蠢了，幹嘛帶去學校？」或「只不過就是呼麻而已。」或「有什麼好大驚小怪的，我認識很多人。」這些回應顯示，你的孩子可能有在吸食大麻，或者是有可能會想試試看吸食大麻。我再強調一次，這些回應不是百分之百精準，但是可以提供你一點線索，讓你瞭解孩子對這件事的傾向。

守則四、感同身受：運用同理心句型與其他口語訊號，讓對方知道你懂他們的感受

我們會對可以站在我們的立場並同理我們感受的人有好感。運用同理心句型或是一些關心的話，可以對聽者傳達你理解他們的狀況、你知道他們講的話是有意義的。這麼做，可以滿足對方需要覺得自己被理解跟肯定的需求，有益於友誼的發展。

你其實有很多機會可以運用同理心句型來開啟跟別人的對話，或讓別人立刻喜歡你。你只需要在跟別人開始說話之前，觀察一下對方的狀況。尤其是那些你只會見一次面的人，或一生中會斷斷續續見幾次的，例如銷售人員、店員、服務人員等等。

如果你在晚餐尖峰時間去餐廳用餐，你幾乎可以確定，你的服務人員會很忙。這時只要說一句：「天啊，今天很忙喔！」就可以得到正面回應，也會伴隨比較好的服務。對方會感激你注意到他們，也注意到他們面對的工作挑戰。這樣會讓他們感覺比較開心，而根據友誼的黃金守則，他們會因為你做這個舉動而喜歡你。如果想要更體貼，你可以加一句讚美的話，不著痕跡地讓他們自己恭維自己：「天啊，今天很忙喔！我真想知道你怎麼做到這麼好的。」或是「天啊，今天很忙喔！我一定沒辦法像你這樣把每桌都顧好。」

有些時候，就算對方沒有不開心或不滿意，你還是可以運用有效的同理心句型。當你推測出對

方可能遇到困難，對方會感激別人看出他們的困境。例如，現在天色晚了，你看到一個女店員穿著高跟鞋在百貨公司裡走動，你就可以說：「天啊，要站著工作一整天，妳的腳應該很累吧。」你很有可能猜對了，而這個銷售人員會對你的關心有正面回應。

如果為人父母的想要鼓勵小孩（尤其是正值青春期的孩子）跟他們溝通，也可以運用同理心句型。大部分的青少年因為各種原因，都很不願意跟父母分享自己的事情。如果父母要求或威脅利誘，反而會引起小孩的防備心，讓他們更加不想溝通。

為了避免這種困境，你可以運用同理心句型，例如：「你看起來在思考一些重要的事。」、「你看起來好像對什麼事情感到很困擾。」或「你好像在擔心什麼事。」你的孩子可能會有幾種不同的回應。首先，他們可能會同意你的推測，然後告訴你他們在心煩什麼。第二，他們可能只會提供一半的答案。如果是這樣，你可以再說一句同理心句型來引出更多細節。大部分的青少年都會想告訴爸媽自己在煩惱什麼，他們只是需要一點點鼓勵，還有相信跟你們分享這件事是他們自己做的決定。第三種是沒禮貌的簡短回應以及沈默。在這種狀況下，可以用的同理心句型可能類似：「你在煩惱一些事，但你現在不想談。等你覺得時機對了，你再告訴我，我們再來聊聊。」

不管是透過同理心句型或者是其他語言形式向另一個人展現同理心，都是一種很有力的方式，可以讓對方感到開心，也讓對方變成你的朋友。在你的友誼寶典裡面，同理心就是建立成功關係最常用也最有效的一招。你說的話跟你聽別人說話的方式，會深深影響兩人之間的關係。

避免對話陷阱

我們已經學到了，要讓別人喜歡你，可以鼓勵他們聊自己的事，你仔細聽的同時，也能依據他們告訴你的資訊，選擇運用不同的技巧來鞏固友誼。因此，你最不該做的事就是阻止（通常不是故意的）自己跟對方的對話交流。要讓這個對話順暢進行，記得要避免常見的對話陷阱，這些陷阱可能會阻礙兩人之間的言語溝通。

1. 避免討論一些會引起對方負面觀感的話題。負面的感覺會讓對方覺得不開心，也因此比較不會喜歡你。
2. 不要一直跟別人抱怨你遇到的問題。每個人都有夠多自己的問題了，不需要再聽你講你的。
3. 避免講太多自己的事。講太多自己的事會讓對方覺得無聊，請把對話重點放在對方身上。
4. 避免一些沒有意義的閒聊，這樣會讓別人覺得很無聊，也就不會喜歡你。
5. 避免表現太多或太少情感。情感表現太極端，會讓別人對你有不好的看法。

總結

語言溝通是開啟好人緣開關，也是維持好人緣的重要元素。你說的話和你聽別人說話的方式，還有你如何回應，都是決定你交朋友是否成功的重要關鍵，也是你從別人身上得到資訊，卻不會讓別人覺得你侵犯到他們隱私的關鍵。運用這章我們討論的技巧，可以幫助你成功培養友誼。這我可以向你保證！

第六章　建立親密感

最高聳的大廈，需要最深的根基。

——喬治．桑塔亞那（George Santayana）

友誼需要一種特殊的黏著劑來讓感情緊密，而這個黏著劑就是「良好關係」。如果你跟對方有「合拍」，你就跟對方建立了良好關係，這是關係發展的基礎。著名的作家與演說家凱文．赫根（Kevin Hogan）曾說：「建立良好的關係，關鍵就在自己身上。」如果你想要交朋友，你的責任就是要建立良好關係，如果你希望友誼可以繼續發展，你就要加強這段關係，讓你們之間的友情擴張成持續、長久的情誼。

所有建立良好關係所需要的工具，都包括在本章節裡面，但我們先來複習一下我們之前提過的敵友關係軸。

朋友—陌生人—敵人

敵友關係軸沒有顯示出從朋友到陌生人之間，可能存在著不同深度的情誼。這些差異確實存在。當我們在跟不同的人互動，並且想建立良好關係時，依彼此之間的情誼深度不同，採取的方式也會不同。下面我們就來討論這些不同程度的友誼。

人生另一半—朋友—點頭之交—偶爾遇見—陌生人

觀察上面這個「友誼關係軸」，可以看出兩人接觸的程度逐漸增加，從短暫、不頻繁來往，到一輩子的牽手。建立良好關係，對我們在友誼關係軸上，從「偶爾遇見」到變成「人生另一半」的進展非常重要。隨著兩個陌生人變成彼此生命裡重要的伴侶，兩人之間的互動也更加強烈、有意義。

本章就是要幫助你了解，如何有效地跟目標建立親密關係，並檢視是否達成這個目的。

建立良好關係

人類是喜歡溝通的動物。我們天生想要跟別人有連結。良好關係可以建立兩人間的心理連結，為不同程度的友誼發展鋪路。如果我可以跟你建立起良好關係，我十之八九可以確定你會喜歡我。就這麼簡單。

我在面談證人跟嫌犯時，第一個工作就是跟對方建立起心理連結。一般人很少會對不喜歡的人坦白，嫌犯在面對執法人員時更不可能坦白，因為坦白可是意味著必須說出那些會讓他吃上很長一陣子牢飯的祕密。有一次，我面談了一個性侵害的慣犯。我們聊體育聊得很開心。建立關係之後，我就可以更深入地了解他的個人生活。最後，嫌犯坦承了他的罪行。在他的審判、判定有罪和判刑後，嫌犯他還是自願繼續跟我維持關係，他寫了很多信給我，雖然我都沒有回他。在信裡，他感謝我願意當他的朋友，也感謝我尊重他。我尊重他是有可能的，但是認為我有把他當朋友這件事完全是他的錯覺。即使如此，這件事還是可以看出，與人建立關係與連結是非常有力量的。

測試關係

測試關係對任何一種人際互動都很重要，因為這樣可以讓我們知道跟對方關係「進行得順不順利」，以及到「什麼程度」。就算是跟對方一次的互動，尤其是我們想從對方身上得到什麼的時候，測試彼此間的關係就非常重要，可以幫助我們決定我們的關係是否已達到目標。雖然如此，測試關係在我們想要跟對方建立起親密持久的關係時，是最重要的。

有時候，我們建立關係跟測試關係的行為會有點重複。這些行為的強度會根據關係的緊密程度而有所不同，也提供我們客觀標準，來看我們的關係是否正在發展，或是已經邁向凋零。舉例來說，互相凝視是一個建立良好關係的方法。而凝視的時間長度就能用來測試關係，檢視兩人的疏遠程度。以下就是幾項重要的行為，可以拿來測試兩個人友誼的基礎

觸碰

觸碰是測試關係強度的可靠標準。我們前面講過，陌生人碰面時，他們通常只會觸碰對方肩膀

以下的手臂或手部。觸碰這些部位以外的地方，表示關係比較親密。

如果女生覺得跟對方講話很自在，而且兩人都是坐著，她就會伸出手觸碰對方的前臂或膝蓋。這個輕輕的觸碰就代表兩人間的良好關係已經建立。

男人常常以為女生輕輕碰他的手臂跟膝蓋就代表對方想跟他發生性關係，其實根本不是這樣。男人比女人更容易把代表良好關係的肢體訊號誤以為是性暗示。當女生輕輕碰了男生一下時，男生只能確定一件事：她對你有好感，除此之外沒有別的意思了。男生誤以為女生觸碰他就代表性暗示，常常會損害兩個人正在發展的關係，甚至常常無法修復。

男生可以公開觸碰女生最親密（但卻沒有性暗示）的地方，就是女生的下背部。有權利在公共場合對女生展現愛意的男生，才可以觸碰女生的這個地方。觸碰女生的下背部也是兩人關係的一種指標。如果你看到一個你有興趣的女生在跟別的男生說話，你可以透過男生的動作，看看這兩個人的關係進展到哪裡。如果男生伸出手，靠近女生的下背部，卻沒有碰到，就代表他在宣示主權，但他還沒有權利觸碰女生的下背部。這樣表示他們不是交往關係，你還是有機會得到這個女生的青睞。

如果男生在兩人關係還未成熟時，就把手放在女生的下背處，女生通常會縮一下，並且傳達表示不自在的肢體訊號。但是，如果你靠近這兩個人時，男生很肯定地把手放在女生腰的後半部，或者靠近臀部，你就可以推斷這兩個人的關係已經很親密了，請識相另尋目標。

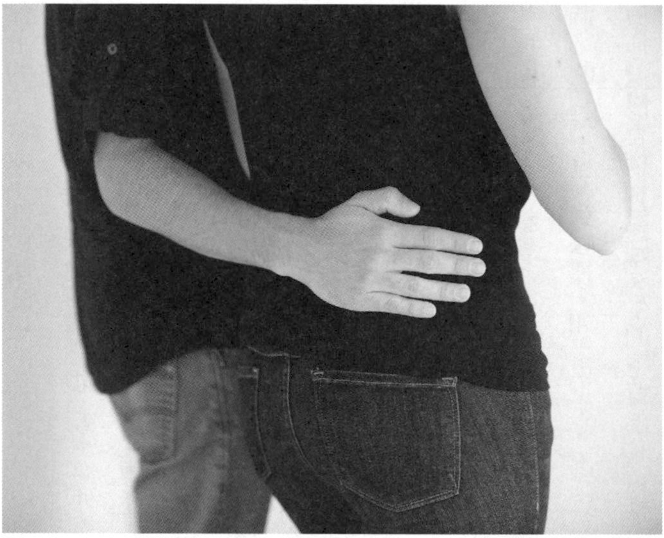

親密的觸碰

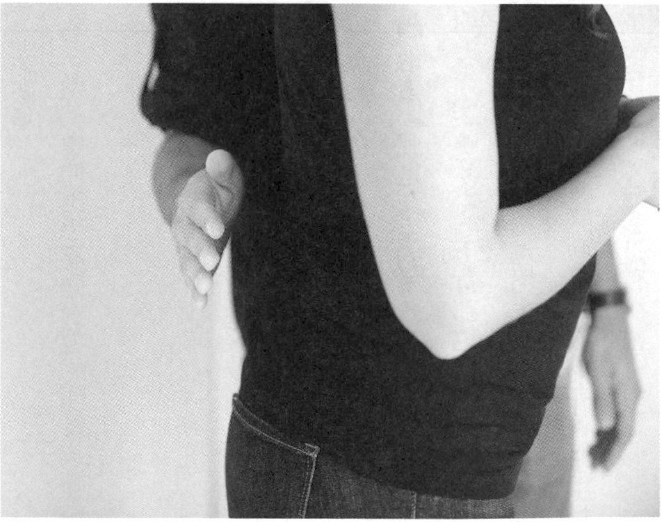

宣示領土，但沒有性暗示。

觸碰下背部這個動作曾提供關鍵線索，揭發了一個 FBI 探員的間諜活動，他二十年來都在提供外國政府機密資訊。這個探員本來收編了美國敵對國家的線民，但是隨著兩人的關係發展，這個線民說服探員提供她機密資訊，而這些機密資訊就這樣送給了敵國政府。

行為分析部門的探員拿到了幾段錄影帶，錄到探員跟線民的互動。其中一個錄影帶裡，探員碰了線民的下背部。根據這個動作，行為分析部門判定在錄影日期的之前或當時，這個 FBI 探員跟線民有發生性關係。這樣就解釋了為什麼探員自願把機密給敵國線民。於是我們就開始對探員進行調查，也發現他確實把機密資訊不法洩漏給外國政府。

幫對方整理儀容

把毛絮從對方的身上彈開，或者是幫他拉好領帶或外套，這些幫對方整理外觀的動作顯示了彼此間的良好關係。若是自己整理自己的外觀，而且這個動作持續很久的話，就是一個敵對訊號，表示對這段關係沒有興趣，整理外觀是為了避免看對方或避免繼續說話。

研究人員條列出幾種整理儀容的動作，可以用來檢視兩人戀愛關係的強度。有越多幫對方整理外觀的動作，兩人的關係就越深厚。這個清單是檢視你跟對方戀愛關係的好方法。

1. 你會不會伸手滑過另一半的頭髮？
2. 你會不會在淋浴或泡澡時，幫另一半洗頭或洗身體？
3. 你會不會幫另一半刮腿毛或鬍子？
4. 你的另一半在哭的時候，你會不會幫他擦眼淚？
5. 你會不會幫另一半梳頭髮，或是隨意撥弄他的頭髮？
6. 另一半打翻飲料在身上，你會不會幫他擦？
7. 你會不會幫另一半清理、剪手指甲或腳指甲？
8. 你會不會幫另一半撥走他身上的泥土、葉子、毛絮、小蟲？
9. 你會不會幫另一半抓背或者是其他身體部位？
10. 你會不會幫另一半擦掉臉上或身上的食物？

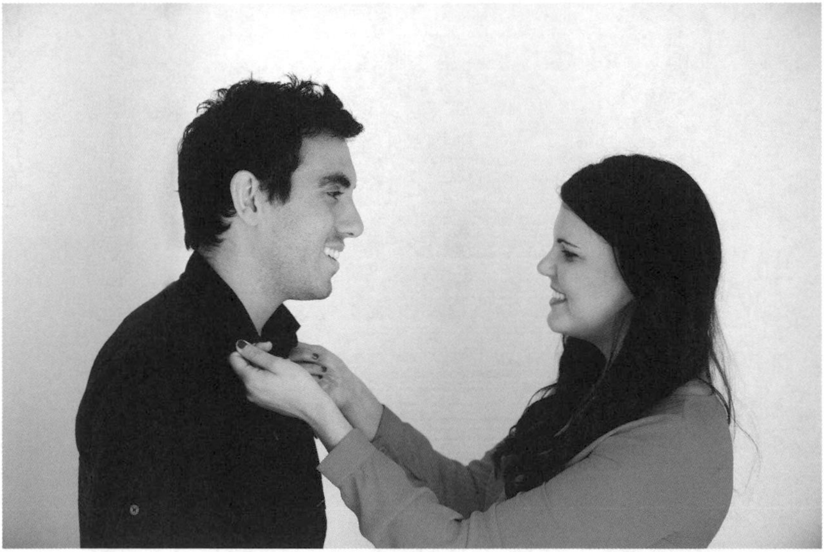

別人幫你整理儀容顯示良好關係。

鏡像效應（模仿對方的行為）

我們在第二章有講過運用鏡像效應來建立關係，現在要討論的則是，怎麼測試彼此之間是否有鏡像效應呢？我們可以透過「我做你學」這個方式，來確認兩人之間是否存在鏡像效應。

良好關係的範例（上圖：鏡像效應明顯）跟關係不佳的範例（下圖：不同的動作，明顯沒有互相模仿。）

心靈層面已有連結的兩人，會模仿彼此的肢體動作。有意識地模仿對方的動作，可以幫助你建立良好關係。第一次跟別人見面時，你就可以模仿對方的動作，來建立良好關係。在對話的時候，你可以運用「我做你學」測試你們之間的關係。在此之前，你已經模仿了對方的動作。現在你要看看對方會不會模仿你的動作，顯示良好關係已建立。你可以改變你的姿勢，如果你已經跟對方建立良好關係，對方應該要在二十到三十秒內模仿你的動作。

運用這種「我做你學」的方式來測試關係時，做的動作要夠明顯，例如你可以雙手抱胸，或是把手從雙手抱胸放開，也可以翹腳，或者是從翹腳到坐正。如果對方模仿你的行為，就代表良好關係已經建立了。但是如果另外一個人沒有模仿你的行為、做出類似的姿勢，那你可以持續建立關係，之後再用「我做你學」來測試你的努力是否奏效。

撥頭髮

輕輕甩頭，同時用手把頭髮往後撥，這個動作代表良好關係已建立。

撥頭髮時互相凝視是一個關鍵動作，傳達出一個正面的強烈訊息，代表良好關係的建立。

想測試關係是否建立，你要仔細觀察對方撥頭髮的動作。因為撥頭髮時，對方如果沒有看你，也就是說，一邊撥頭髮，彼此眼神卻沒有交流，這樣的動作就會變成負面的訊息，有「不想理你」的意味，表示關係不佳。

撥頭髮時互相凝視

撥頭髮時眼神沒有交流

撥頭髮分解圖

身體姿勢

測試關係的另一個好方法，就是注意互動中的兩人的姿勢。有兩種行為特別重要。

身體前傾。我們會把身體前傾靠近我們喜歡的人事物，對不喜歡的人事物則保持距離。關係良好的人，身體會前傾靠近彼此。有一次，我負責訓練即將要去伊拉克的士兵，教他們審問技巧。我發現在演講的第一個小時，大部分的士兵都身體往後傾。在下課休息前，我運用了同理心句型，告訴他們我覺得我跟他們好像沒有建立什麼連結。這些士兵全都點頭，說他們已經去伊拉克出過兩次任務了，我教他們的東西太簡單，他們已經會了。我告訴他們可以休息十五分鐘，然後我會回去我的辦公室拿比較進階的訓練手冊。要是我沒有注意到我跟他們之間關係並沒有建立，這整個訓練課程就完全浪費了。

開放姿勢。關係良好的兩個人會有開放的姿勢。開放的姿勢傳達了雙方對彼此有吸引力，願意溝通。開放的姿勢包含放鬆、沒有交叉的腳跟手、講話時經常運用手勢、雙手手心向上、身體微微前傾，還有傳達友善訊號。這些姿勢傳達出了溫暖、彼此信任以及互相友好的感覺。如果要加強開放姿勢的效果，你可以運用點頭、傾斜頭部還有語言上的鼓勵，例如「我懂了」、「嗯嗯」、「然後呢」等。

當我們跟對方有良好關係，對方就不會讓我們有威脅感，我們也因此覺得自在，可以採取開放的姿勢。而感受到威脅的人，會採取封閉的身體姿勢來保護自己不受威脅。封閉的身體姿勢，也可能代表對方沒有興趣。

封閉的身體姿勢就是雙手緊緊抱胸、很少運用手勢，也很少傳送友誼訊號。如果你跟別人講話時，發現對方雖然看著你，但卻把身體跟腳指向另一個方向，就代表他沒有完全投入你們的對話。腳指著另外一個方向，就是無意識地在傳送想要離開的訊息。其他傳達出沒有興趣的訊號還有：身體或頭往後傾、用手撐著頭，或者是負面的整理儀容的動作，例如摳牙齒或者是挖指甲。

移動身體

有良好關係的人會把身體移向彼此。剛剛講的往前傾或往後傾就是身體移動的一種，傳達出良好或不佳的關係。另外一種移動身體的方式，在下一頁的兩張照片裡有示範。這種肢體語言則是轉動自己的身體，讓身體更正面直接地面對對方。這樣的動作表示兩人關係正在逐漸建立。

如果想運用轉動身體這個動作來測試兩人之間的關係，你要知道的基本規則就是，有良好關係的兩人會把身體轉向彼此。整個身體轉動的流程如下：首先，對方的頭會先轉向你。接著，對方的肩膀會轉向你。最後，對方會整個把身體轉過來，直接面對你。當這樣的動作發生時，你就可以確定知道彼此的良好關係已經建立。

身體轉向的順序

障礙物

另外一個測試關係的好方法，就是觀察兩個人彼此之間是否有放障礙物、兩人是否有試著除去彼此之間的障礙物或者否有在彼此跟外人間立起障礙物。對別人在旁邊感到不自在的兩人，會在自身與別人之間立起障礙物。如果本來就有障礙物，他們會把障礙物保留在原位。另一方面，如果我們跟對象互動時感到自在，我們就會想要維持兩人空間的暢通，把阻礙在兩人間的東西移開。遮住身體或是胸口是一個敵對訊號。如果你要傳送這個訊號，你可以把桌上的裝飾品或花放在你跟對方之間。

除了用物品以外，你也可以用手或腳來創造兩人之間的障礙。下面我們列出了幾項可以拿來當障礙物的物品跟動作。如果看到這樣的障礙物，你就可以知道，兩人之間良好的關係還沒有建立。

雙手抱胸是心理上用來防備自己的一種障礙物，可以隔絕造成心理焦慮的話題。關係良好的兩個人在一起時，很少會覺得受到威脅，也不會覺得焦慮。如果在跟你講話的人突然交叉自己的手臂抱胸，那你們之間的良好關係就還沒建立，或者代表兩人的關係漸漸在走下坡。如果我們覺得跟對方在一起不自在，或者是覺得在討論的某個話題讓我們不自在，我們就會雙手抱胸。

如果對方把飲料罐、枕頭、皮包或其他可以移動的東西放在兩人之間，也代表他感到不自在以及你們的關係還沒建立。女生如果覺得自己跟對方沒有良好關係，就會用皮包來創造兩人間的障礙。她會把自己的包包從地上拿起來，放在自己的腿上。這樣就代表彼此關係還沒有建立，或者正在惡化。

有一次，我把障礙物理論教給一個我負責訓練的探員。他對於這個技巧的效果有點存疑，一直到他面談一個證人時他才相信。我們在證人家進行面談，她坐在自己的沙發上，我們兩人則坐在她對面的扶手椅上。這個新來的探員請證人描述嫌犯的外表。證人猶豫了一下，伸手拿了一個抱枕，放在自己的腿上。探員看了我一眼，代表他有注意到這個肢體動作顯示出證人對描述嫌犯的外表感到不自在。探員於是運用了同理心句型，說：「小姐，你好像對描述嫌犯感到不太自在。」她也承認：「對，因為我不想要他回過頭來再次傷害我。」探員繼續運用同理心句型：「妳害怕他會來復仇。」她嘆了口氣說：「對啊。」證人的肢體動作改變，暗示了她心理狀況上的改變。仔細觀察別人肢體語言上的細

雙手抱胸就是一種障礙物。（身體往後傾表示兩人欠缺良好關係）

微變動，你就可以發現更多資訊。

探員花時間跟證人討論她的恐懼，並且說服她，她擔心的事不會發生。等他消除了證人的擔心之後，在我們的預料之下，證人把抱枕放回沙發上。探員跟證人的連結便建立起來了。

拉長闔眼時間

焦慮的人會拉長闔眼的時間來傳達他們的不自在。眼皮就像是一個保護他們、不要看到讓他們焦慮的人或東西的障礙物。有幾次我進到我老闆的辦公室，看到他拉長闔眼時間到一兩秒。他這樣的表現就暗示我，他那時在忙，不想要跟我說話。我跟老闆關係其實蠻好的，但是在他拉長闔眼時間時，我就會快點離開他的辦公室。當老闆的肢體動作傳達出他想要自己一人時，不管我的要求、提議是什麼，都是不會被接受的。

眨眼頻率

當我們覺得焦慮的時候，我們會增加眨眼頻率。一般的眨眼頻率是一分鐘十五次。由於每個人的眨眼頻率不一樣，你一開始跟他們互動就要注意。

杯子位置

你可能記得，我們前面講過，有百分之七十的資訊交換，發生在我們吃東西、喝飲料的時候。一起吃東西或喝飲料的人一定會交談。觀察對方放杯子的位置，就可以看出兩人關係是否良好。如果坐在你對面的人把他的杯子放在你們之間，這樣杯子就創造出兩人間的障礙，表示兩人的關係還沒穩固。如果他把杯子放在桌子任一邊，讓兩人之間沒有任何阻礙，就代表關係已建立。下面的三張照片顯示正在建立良好關係的戀人會有的行為。

杯子的位置幫助你確定兩人之間關係是否建立。

仔細觀察，在第一張照片裡，杯子在兩人之間形成阻礙。第二張照片裡，女生正要把杯子拿起來喝，而男生已經在喝了。第三張照片裡，女生已經喝完飲料，把杯子放到桌邊，讓兩人之間的空間保持開放，而男生正要把杯子放下，而且也會把杯子放在桌邊，保持兩人空間開放。

如果你和對方有這種移開彼此間障礙的行為，就代表你們關係良好。你可以透過觀察別人放杯子或其他物品的位置，來掌握聊天時彼此關係的進度。如果對方突然把杯子放到你面前，可能代表你們關係變弱了。也就是說，杯子或其他物體的位置，可以當作彼此關係的溫度計，來告訴我們關係是否在升溫或是降溫。下頁的照片也是一個例子。

第一張照片裡，我們看到桌子上有一個花瓶放在兩人之間。接下來兩張照片裡，我們看到這個年輕小伙子把障礙物從兩人間移開，放到桌子邊。第四張照片顯示關係升溫，彼此間沒有障礙物，並且彼此身體前傾，傾斜頭部搭配微笑。第五張照片顯示更緊密的關係，兩人現在已經牽起手了。第六張照片則是最親近的關係，男生對女生講悄悄話，講悄悄話是代表良好關係的強烈象徵。

良好關係漸漸建立。

顯示良好關係建立與否的行為

這裡有幾個「線索」，可以幫助你判斷你想建立的關係是否已經成功。

顯示良好關係的友好訊號	**顯示關係不佳的敵對訊號**
眉毛閃動	皺眉
傾斜頭部	翻白眼
頻繁的微笑	冷淡的凝視
互相凝視	延長闔眼時間或是避免視線接觸
親密觸碰	沒有或很少觸碰
鏡像效應（彼此模仿動作）	動作沒有互相呼應
身體內傾（靠近對方）	身體後傾（遠離對方）
講悄悄話	用手指捲頭髮（除非是習慣性的動作）
運用手勢	強勢的站姿或攻擊性動作
開放姿勢	封閉姿勢

移除彼此間的障礙物	創造彼此間的障礙
眼睛睜開	瞇眼睛
嘟嘴或舔嘴唇（女性）	假打呵欠
頻繁點頭	負面搖頭
分享食物	皺鼻子
整理對方外觀	整理自己外觀
好感式撥頭髮	「不想理你」式撥頭髮

總複習時間到：你觀察到什麼？

下面幾頁有一系列的照片，每張照片都附有一個問題。運用你在本書中學到的東西來回答，回答完之後再翻至書後附錄核對答案。

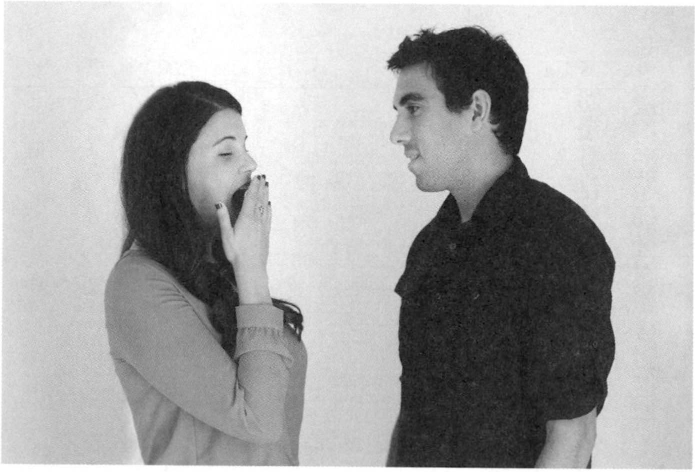

問題：請辨識照片中的訊號是友好訊號或是敵對訊號。

問題：請講出照片中的三個友好訊號。

挑戰題：請再說出一個上一張照片裡
沒有指出的友好訊號。

問題：這兩個人之間的關係如何？運用肢體訊號來支持你的答案。

問題：描述這兩個人對彼此的感覺。運用肢體訊號來支持你的答案。

問題：描述這兩個人對彼此的感覺。運用肢體訊號來支持你的答案。

問題：請辨識出其他照片裡沒有的友好訊號。

問題：描述這兩個人對彼此的感覺。運用肢體訊號來支持你的答案。

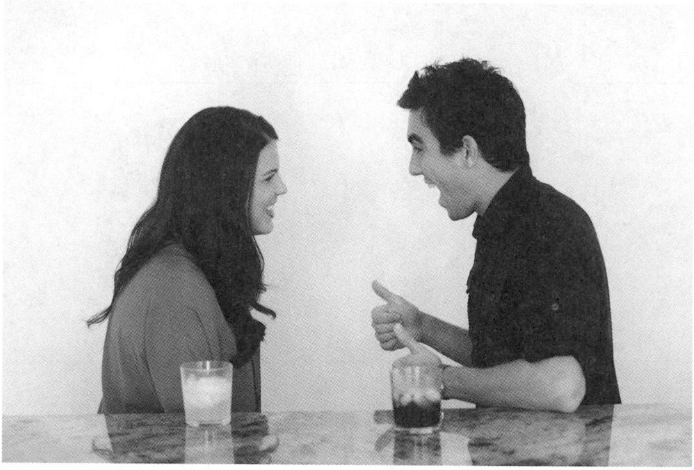

問題：你覺得這兩個人的關係到什麼樣的程度呢？運用肢體訊號來支持你的答案。

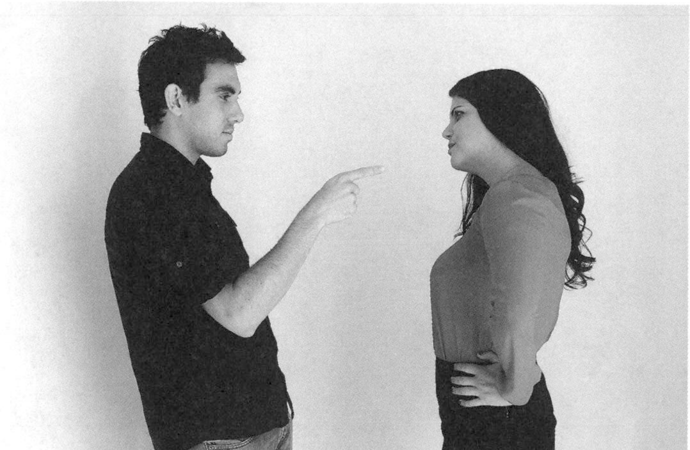

問題：描述這兩個人對彼此的感覺。運用肢體訊號來支持你的答案。

第七章　培養、維持長期關係

別人不會在乎你有多聰明，除非他們知道你有多在乎他們。

——吉格・金克拉（Zig Ziglar）

所有穩定的長期關係都是從短暫的關係開始的，也跟友情的發展一樣，是透過了解與運用人際關係的撇步來建立與維持。隨著時間的流逝，有一些關係會從友誼變成戀情。當一段關係已成熟，變成愛戀的互動後，你就需要採取新的行為策略來讓彼此間的熱情維持不變，保持強烈。

這個行為策略就是「關愛」，要理解很簡單，但是要維繫卻很困難。想想你人生中比較重要的一些人，例如家人、朋友、同事，還有你的人生導師，問問你自己：「這些人中，哪些我會最尊敬，也最願意去做他們希望我做的事？」你回答的人，很可能就是你覺得關愛你的人。你從他們的行為可以感覺出來他們關愛你。

要定義「關愛」就跟定義「色情」一樣難。有一個最高法院的法官某次被要求定義「色情」，他說：「我沒辦法定義色情，但是看到色情，我就可以辨認出它是色情。」關愛也是一樣。要找出關愛的基本定義，只會讓我們陷入掙扎，因為關愛代表的深情與熱情根本無法解釋。但是，只要我們經歷了別人的關愛，我們就能立刻知道。關愛來自於「心」，而不是「腦袋」。關愛讓感情超越機械化互動、超越知識層面跟表面行為，觸碰了真實的自我，以及最深層的感受。

關愛讓我們的關係可以成長更多，而關愛的四字訣CARE，就是我們關愛別人時要做到的幾件事。

C＝關懷／關切（Compassion/concern）

A＝積極聆聽（Active listening）

R＝增強法（Reinforcement）

E＝同理心（Empathy）

我們一個一個來看這些字，藉此了解，想跟另一半維持健全快樂的長期關係，需要做到什麼事。

關懷／關切

關愛別人的人，會真心關切別人的事。關切，不是對正在受苦的人說句簡單的安慰或隨性的回應，而是真誠地關懷這個人在經歷的事，並且投入自己去幫助對方，讓他覺得好過一點。在長久關係裡，會有很多時候，其中一個人或兩人都面臨危機。就是在這種時候可以看出彼此間是否真正互相關切。事情進展順利時，要維持長久關係相對簡單，但是在遇到危機的關鍵時期，彼此的真實性情才會展現出來，你就能知道對方到底是一個很棒的人，還是做人有待改進。

某種程度來說，世界上沒有比兩個人互相依賴、在需要的時候彼此關懷支持，更美麗的事了。最令人動容的關愛，就是在對方生病或受傷時照顧他。這種日復一日，有時甚至年復一年的無私奉獻，就是最純粹的關愛。

希望你的另一半不會真的臥病在床、需要你照顧他。但是在我們的日常生活中，你還是可以做很多小事情，來讓你的伴侶知道你在乎他。彼此分擔工作量、為對方做一些特別的事、花時間讚美他、在他面臨困境時支持他、在他需要你時陪伴在他身邊、講一句好話，或詢問需不需要幫忙等等，這些都是關愛的表現。當你用真心來關切別人，別人也會真心感謝你。

有一次，我在華盛頓一棟購物中心的美食廣場裡坐著吃午餐，我走到垃圾回收處的時候，覺得好像聽到有人叫我的名字。我看看附近，卻沒有看到任何人嘗試得到我的注意，所以我就繼續向前走。然後我聽到有人叫我的全名，我轉過頭來，看到一個年輕小姐走向我。她停下來向我自我介紹，但我沒有認出她來。她說她想要感謝我救了她一命。我露出困惑的表情。她說：「我是十年前被綁架的其中一個小女生。」我立刻回想起那天她跟她的朋友被兩個警察從槍林彈雨中救出來的樣子。我提醒她，是那兩位警員救了她的命，不是我。她說，他們的確是把她從綁匪手中救出來，但是是我救了她的命。我問：「怎麼說？」

她說：「我當時情緒完全崩潰了。是你的善良跟關切，讓我開始復原。」我想起上級要我負責這個案子，希望我在她被拯救之後跟她面談。光要讓她冷靜下來、慢慢跟我聊那天發生的事而不崩潰，就花了我一個月的時間。我每天都花一小時的時間讓她跟我說話，最後我終於可以跟她詳細談論那起綁架事件。那時她十四歲，面談結束之後，我就再也沒有看過她，也沒再想起她，但她一直記得我。她說：「你可能已經忘了我，但是我永遠記得你的關懷，要是沒有你，我覺得我無法康復。」我感謝她，跟她說我只是做我該做的事而已。我把餐盤放在回收處之後，我們就分開了。我才了解到，一個人說出的話，也許自己早就忘記，但卻會持續地影響別人。

積極聆聽

積極聆聽就是指在你聆聽別人講話時，同時運用語言和肢體訊號，搭配同理心句型來回應對方。第五章前面有提到一些有關積極聆聽的技巧，這些技巧在長期的關係裡可以說是更加重要。長期跟同一個人進行積極的互動，可以幫助我們更清楚了解如何增強或減弱人際關係。

在長期關係裡，溝通是維持感情的重要元素，溝通不良可能讓這段感情走味。開放與誠實的溝通能建立信任、展現關愛，為這段關係的健康提供重要的養分。

如果在任何一段關係的開始，你都鼓勵積極聆聽，也親身實踐積極聆聽的話，這段關係就比較有可能長久。因為你會比較了解對方的特殊需求，個人的一些「點」、興趣、個性、害怕的東西、還有哪一些話題可以深入繼續聊，哪些則應該要避免。

沒有積極聆聽，就算是在一起幾十年的伴侶，也有可能完全不知道對方的感受。這是因為他們根本沒有注意對方到底在說什麼！聽起來很不可思議，但是這樣的事真的會發生，雖然我們不願意承認，但這種事其實很常發生。積極聆聽能讓溝通變得更開放、更雙向，資訊交換更加順暢。

長期關係裡，積極聆聽最棒的效益就是能幫助你了解如何關愛你的伴侶。在一段關係剛開始的時候，「說錯話」的機率是很高的，但隨著關係漸趨熟穩定，兩人透過積極聆聽更加了解彼此，溝通上的錯誤很快就會減少，甚至完全消失。

只要能積極聆聽，任何人都會知道要避免什麼樣的文字地雷，或者是應該要避免哪些敏感議題。關愛別人的人，會運用這些資訊來增強兩人關係。換個角度來看，這些資訊也可以用來削弱，甚至摧毀兩人間的關係。這樣的狀況通常是在兩人吵架時，其中一方故意去踩對方的底線，這樣會立刻讓衝突加劇，同時也讓對方感到痛苦。就算是氣頭上說的話，或是可以讓你在爭吵中佔上風，這都是一個很不好的策略。原因在於，就算吵架早就吵完了，兩個人也都忘記為什麼而吵，對方還是會一直記得你曾經出口傷害他。

運用已知的資訊來在爭吵時勝過對方雖然很誘人，但是千萬不要這麼做。千萬不要逞口舌之快！如果你堅持使用一些會讓對方不開心的字眼，或者一直踩對方的底線、一直提一些不該提的事，時間一久，兩人的關係就會崩解。

要記得當積極的聽眾，這樣你不但會顯得更關愛對方，同時你也會更加瞭解你的伴侶，並且加強兩人的感情。以下有幾個撇步，讓你的積極聆聽技巧更上層樓：

- 開口說話前，要等你的伴侶先把話講完。
- 談重要的對話，應該要在適當的場所，你才能聽清楚對方在說什麼（不要在吵鬧的餐廳談人生大事或者是理財上的事！）

- 不要在你的伴侶說話時，分心想自己等一下要說什麼。專心聽對方說話。
- 如果你的伴侶是一個內向性格的人，覺得講話時不自在，你可以透過點頭跟言語，鼓勵他們說話（見第五章）。
- 你的伴侶說話時，你要仔細觀察他。溝通包含語言及肢體互動。而且，因為你有認真注意，對方比較會覺得你真的在乎他們的看法。
- 當你的另一半說出了一個很好的提議或想法時，要記得誇獎他們。
- 如果聽到你不喜歡或不同意的話，不要立刻反對對方，也不要開始反駁。想一想對方說的話，看看是否有幾分真實性，或者至少看看是否有辦法達成兩人都滿意的共識。
- 如果你的伴侶明顯地在某一方面是錯的，你要幫他找一個台階下，不要讓他們在承認自己錯的時候顏面盡失。
- 如果你覺得兩個人的對話已經太針鋒相對了，你甚至可以提議兩個人冷靜一下。

增強法

增強就是指在兩人的關係中，一方對另一方運用獎勵或懲罰。下面有幾項與另一半相處時，你要注意不要犯的錯誤：

1. 沒有注意到自己每天跟對方互動的方式會造成不適當的獎賞或懲罰。

在長期關係中，有些人會習慣性地對伴侶運用不對的增強法，無法有效增加對感情的滿意程度。以下我們就來看看誤用增強法的三種人。

第一種伴侶：只看到負面

座右銘：「強調負面的事，忽略正面的事。」

信奉的教條：「你做對了一件事，然後呢？本來就應該要這樣。」

對伴侶的方式：負面情緒跟懲罰。

負面伴侶就是馬後炮大師，你一做錯事，他們就會說：「你看吧，我早就告訴你了。」但是你如果把事情做得很好，他們就會變成瞎子，什麼都看不到。如果你跟負面伴侶住在一起，你就很有可能會說這種話：「他每次講話，就是我做錯事的時候。」這樣的行為會造成另一半的憤恨跟挫折感，一點都不意外。沒有人想要在自己做對事情時被忽略，做錯事情時卻會被放大檢視。有一個老婆曾告訴自己的丈夫說：「如果你要批評我的錯誤，那你至少也要花同樣的時間在我的成功上。」負面的伴侶必須記得，如果另一半做錯了事，需要改進，批評他是可以的，但是另一半做了對的事情時，也是需要鼓勵的。

第二種伴侶：完美主義者

座右銘：「永遠都有進步空間。」

信奉的教條：「如果無法做到完美，就什麼都不是。」

對伴侶的方式：不合理的行為標準。

完美主義者型的伴侶，會對對方要求很高程度的努力以達到完美。你要把一件事情做得很完美，完美主義者才會願意誇獎你。而問題就在這裡。因為完美主義者把標準設得太高了，沒有人可以達到他要求的程度，也因此沒有辦法得到他的讚美。因此完美主義者比負面的伴侶還更難搞，因為他的要求這麼多，根本不可能讓他感到滿意！完美主義者要改變自己過高的要求，有一個很好的辦法，就是把自己的標準降低到合理的程度，不要求一些不可能達成的行為。完美主義者應該要理解，要從令人滿意到完美無缺，要花的力氣跟時間通常一點都不值得。

第三種伴侶：虐待狂

座右銘：「只要犯一個錯，之前做對的事就都一筆勾銷。」

信奉的教條：「犯錯乃人之常情；為做錯的事付出代價，乃神之聖行。」

對伴侶的方式：獎勵良好行為跟處罰不好行為的程度完全不平衡。

虐待狂型的伴侶之所以被叫作虐待狂，就是因為他們讓我們想起頑皮的小孩，會把蝴蝶的翅膀拔下來。表面上他們人蠻好的，很常會誇獎另一半。但是事情沒那麼單純，這些人跟伴侶相處，處理誇獎跟批評時有他們自己一套作法。他們的伴侶只要做對的事，就可以得到很多誇獎，但是一旦做錯了一件事，他就可以收回之前的誇獎。想要改變的虐待狂，面對另一半的行為要學習保持「公正」，也要了解長期累積的良好行為不能被一次錯誤一筆勾銷。

2.沒有「正向注意」你的伴侶。

長期關係裡容易發生的一件不幸的事就是，兩人會自然而然地不再時時刻刻注意彼此，不再一直誇獎對方，也不會像剛開始戀愛時一樣，一直對對方表示愛意。我之所以會說這是一件不幸的事，是因為我們永遠都需要別人正面的認可。覺得自己親近的人欣賞自己，而且常常透過一些關愛的行為或讚美來表現他們對自己的欣賞，對維持兩人關係的健康與穩定非常重要。

這裡有幾種方法，讓你的伴侶覺得你很欣賞他：

- 當你的伴侶把一件事做得很好時，要讚美他。可能是解決了一個工作上的問題，也可能是做了一件有益社會的事，甚至可以是一些小事，例如他們在回家的路上花時間繞去你最喜歡的蛋糕店，買你最喜歡的甜點給你吃。要透過讚美，讓你的伴侶知道，你很感激他們。讚美不應該是為了讓對方為你做某件事，而應該是真心誠意地讚美對方做了一件很棒的事。最棒的是，讚美別人不花你一毛錢，只要你願意觀察你的伴侶，就能找到值得讚美的地方，然後你只要願意把讚美說出來就可以了。
- 不要忘了伴侶人生中的重要里程碑，例如生日、紀念日、特別的事件等等。只要去買一張卡片，寫下你想告訴對方的話，就可以讓對方覺得開心。

- 鼓勵你的伴侶參與你做決定的過程，尤其是會影響到你們兩人的重要決定，例如理財規畫、購買昂貴物品、換工作、搬家，還有健康議題等等。如果我們覺得自己有參與到事情的決定過程，就會比較願意接受對方最後做的決定。這是因為我們覺得自己沒有被排斥在外，事情的結論也算是我們一起決定的。如果別人在做決定時有詢問我們的意見，我們對這件事的態度也會變得比較積極、有熱情。
- 在適當的時機，可以當眾誇獎你的伴侶，讓大家知道他做了什麼很棒的事，雖然你跟別人誇獎他的時候，你的伴侶可能會「假裝」很尷尬，或者假裝他做的事沒什麼大不了，但你不要因此就不當眾誇獎他。只要你誇獎的方式得體，不會太過火，就算是內向性格的人也會願意接受。

3. 你以為伴侶要的東西，跟他真正想要的東西有落差，因此沒有獎勵到對方。

你記不記得，小時候過生日的時候，總是會收到你不想要的禮物。最慘的是，如果這個人是你的朋友或親戚中最有錢的人，你其實希望他們買一台新的腳踏車送你或者是給你一疊現金，結果他們送你一套西裝，或一套百科全書。

跟戀人在一起時，可不要犯這種錯誤。就算你是好意，也花了很多時間想對方會喜歡什麼，但是如果他不想要這個東西，你的努力就白費了。你會覺得，都在一起十年、二十年、三十年了，伴侶間應該要知道對方想要什麼。驚人的是，事情真的不一定是這樣。情人節買給老婆吸塵器的男人可不是只有在廣告裡出現，真的有這種人存在。

那要怎麼確定你買給對方的東西會是他真正想要的呢？直接問他啊！更好的方法是，仔細聽他們說的話，你就可以偵測出他們想要什麼。你要多觀察。飯桌上有一本用紅筆圈選過的型錄？這就提供了線索。

直接問別人他想要什麼的缺點就是，你雖然給對了東西，卻沒有了「驚喜」。遇到節日要送禮時，有另一個方法可以避免這樣的感覺。請伴侶把他想要的幾樣東西的照片放進一個特別的盒子裡。可能是一張度假的廣告，或者是一個家庭用品，也有可能是一間特別餐廳的菜單。這樣，你就可以從盒子裡選一樣送對方，而對方也不知道你到底會送他什麼。雖然稱不上是完完全全的驚喜，還是會讓禮物交換時更有刺激感。

同理心

同理心是關愛 CARE 四字訣裡最後一個要素，也是任何長久關係要成功的重要元素。能夠偵測出伴侶的感受，並且在乎他的感受，對維持一段良好的感情來說，是很重要的。在一起很久的人，自然會有優勢，比較能同理彼此，因為兩人已經花了許多年相處，熟悉對方心情起伏的細微變化、特殊需求、行為特徵等。

如果你發現你的伴侶心情不好，只要講一句善意的話就會有神奇的效果。你可以運用同理心句型，例如在你的伴侶經歷挫折的時候，說句「你一定很難過吧」，就傳達了一個很有力的訊息，告訴你的伴侶你很在乎他，所以才能發現他面臨的問題，而且你也願意花時間來表達你的關心。在伴侶心靈受傷或肢體上真的受傷時，陪在對方身邊支持他，就可以提供很大的安慰，而你這樣的關懷對方會很珍惜，也會一直記得。

這幾十年來，同理心都被推崇為建立任何關係的關鍵要素，不管是短期關係、長期關係、私人人際關係、工作商業關係。亨利．福特（Henry Ford）說得好：「如果世界上真的有成功的秘訣，那就是可以理解別人看事情的角度，同時用別人與自己的角度來看事情。」

關懷、積極聆聽、增強法，還有同理心，就是關愛 CARE 的四個要素，可以把短期的友誼變成長期關係，也為長久的關係開啟未來發展的任何可能。

自己或別人在生氣時，該怎麼辦？練習控制憤怒

我們前面講的這些技巧，可以幫助你跟任何人（精神病型犯人不算）建立短期或長期關係。但這不代表任何關係都可以完全令人滿意，沒有衝突。就算是最好的朋友、最相愛的伴侶，也會有意見不合的地方，有時候如果心情不好，或者是兩人意見相左時，大家也會有脾氣。學習如何處理憤怒，在任何一段關係裡都是很重要的，學會了才能度過人際關係中的摩擦。

跟生氣的朋友、同事、或家人在一起，也都會造成壓力，他們會讓你的工作環境或家庭生活變得很不愉快。學習有效的憤怒管理技術，就是善意的基石，也能改善家庭或工作環境的氣氛。

有效的憤怒管理技術，就是要把對話的焦點放在生氣的人身上，讓對方把怒氣發洩出來，另外也要針對那件讓對方生氣的事，做一些直接處理。這樣就可以把對方生氣的循環打斷，讓這個危機情況有出路，不會傷害到兩人的關係。別人會因為你危機處理的技巧，而更喜歡你，因為最後你會幫助生氣的人降低他們的壓力，讓他們感到比較開心，這麼做同時也可以降低你自己的壓力。

處理憤怒的最佳方法，有以下幾個原則。

不要跟生氣的人講理，因為他們無法理性思考

憤怒會激起「戰鬥或逃跑」的反應，這樣的反應可以幫助身體跟腦袋準備「求生」。身體產生這樣的反應時，會無意識地自動對威脅採取行動。而隨著威脅感增加，我們的理性也跟著消逝。生氣的人也一樣，因為生氣是一種威脅產生的反應。生氣的人講話跟行動都沒有經過思考。他們有多生氣，理性思考的能力就有多低。生氣的人在氣頭上時，不會接受任何解決方案，因為他們無法理性思考。

身體一旦經歷了「戰鬥或逃跑」的反應，就要花大概二十分鐘才能夠恢復正常。也就是說，生氣的人需要時間冷靜，才能重新好好思考，正在氣頭上的人無法完全理解任何解釋或解決方案。不管任何憤怒管控的技巧，都要給生氣的人這段冷卻的時間。第一個打破憤怒循環、控制憤怒的技巧就是：「不要跟生氣的人講理。」對方的怒氣一定要發洩出來，你才能開始提供解決問題的方式。

遇到生氣的人，一定要記得給他冷靜的時間。有一位作家說過，在面對生氣的朋友、同事，或

伴侶時，你應該要「離開現場」。這個策略的意思就是你應該要迴避，讓一切冷靜下來，不要立刻處理。

在很多狀況下，簡單解釋原因就可以消解對方的怒氣。我們都希望事情在掌控之中，生氣的人試圖在對他們而言不合理的世界尋求秩序。如果過程不順利，就會產生挫折感，挫折感會轉換成怒氣表現出來。為一個行為或問題做出合理的解釋，就能把失序的世界調整回來，而這樣的過程中，生氣的人也能緩解怒氣。下面這段上司跟下屬的對話，就是在演示這樣的技巧：

上司：「我不是請你在今天早上做好報告嗎？你這樣的行為，我不能接受。」（生氣）

下屬：「行銷部門沒有給我資料，所以我沒有辦法及時完成報告。他們說他們一小時內會給我。」（提供解釋）

上司：「好吧，快點把報告做好。」（化解憤怒）

如果在生氣的人拒絕接受你為這個問題給的解釋，語言衝突惡化的可能就增加了。憤怒是需要燃料的。上司如果更加憤怒，就會造成你做出更強烈的回應，而這樣的回應又會讓上司的怒火燒得更旺。如果這樣的憤怒一直循環下去，你的「戰鬥或逃跑」反應會達到一個臨界點，讓你無法理性思考。一旦你跟對方都陷在憤怒的循環中，要解決問題就變得不可能了。

破解憤怒循環三大招：同理心句型，憤怒釋放，提議解決方式

同理心句型能捕捉別人的語言訊息、身體狀態、心情感受等等，並同時運用類似的語句，把這些訊息傳回給說話的人。憤怒釋放可以降低挫折感，憤怒的人一旦有機會發洩他們的挫折感，就比較有可能會接受解決方案，因為他們不生氣了，比較能理性思考。提議解決方式可以引導生氣的人採取解決衝突的行動。提議解決方式時，要讓生氣的人無法不接受你的建議，採取你指示或推薦的行動。下面的例子，就運用這三招來破解憤怒循環。

上司：「我不是請你在今天早上做好報告嗎？你這樣的行為，我不能接受。」（生氣）

下屬：「行銷部門沒有給我資料，所以我沒有辦法及時完成報告。他們說他們一小時內會給我。」（提供解釋）

上司：「這都不是藉口。你應該去行銷部門要資料。你明明知道我今天早上非要這個報告不可。

我下午要跟客戶開會，這樣我不知道要怎麼開會。」（不接受下屬提供的解釋）

下屬：「您很生氣，因為客戶下午要這個報告。」（同理心句型）

上司：「對，你這樣讓我在客戶面前很難堪。」（發洩怒氣）

下屬：「您很失望，我知道您希望我今天早上就做好報告。」（同理心句型）

上司：「對。說失望還太便宜你了。」（放鬆肩膀，深深吐了一口氣，怒氣釋放完畢）

下屬：「那我現在就去銷售部門拿資料，在下午你開會之前就把報告做好。」（提議解決方式）

上司：「好吧，快點把報告做好。」（化解憤怒）

這三招到底是如何破解憤怒循環的？

同理心句型

要破解憤怒循環，同理心句型就是你的最佳利器。生氣的人剛聽到同理心句型時，可能會很驚訝，甚至很困惑。但是如果你繼續使用同理心句式，對方很難不感激，因為同理心句型傳達出你對他的關懷，很快地就會建立信任。

你越同理對方，就越能立刻得到對方的想法。這樣如果你一開始的方法並沒有得到良好回應，你就可以立即修正。

問題是，要怎麼做呢？怎樣才能有效表達同理心？要怎麼知道別人在想什麼？你只需要好好觀察：觀察他們說的話、觀察他們怎麼說、也觀察他們的行為。

如果你想要讓生氣的人不再生氣，偵測他們的心理狀態就是你的第一步。等你可以感受他們的感覺時，你就可以運用這點來讓他們平靜下來。

想看出別人的感覺，就必須仔細觀察對方的語言訊號與肢體訊息，像是臉部表情的細微改變，聲音的起伏，是否有強調特定的字或情緒化字眼。如果你問：「最近好嗎？」對方的嘴角往下，語氣起伏變平，那你就知道他最近可能不太好。越會觀察別人，就越有同理別人的潛力。

要避免被別人的情緒影響，你要學會何時同理，何時抽離。先同理，了解他們的感受之後，再抽離，好讓自己可以理性思考。

除非你已經非常確定了，否則跟對方反應你感覺到的情緒，看看你推測的是不是正確，其實是不錯的做法。畢竟，唯一可以確定是否正確的人，就只有對方了。向對方反應這些情緒可以引導他感激你，因為你真心關懷他們，也能增加他們對你的信任度。

想創造有效的同理心句型，就要辨識出對方生氣的真正原因。如果只說：「你生氣了喔」，雖然是同理心句型，但是這只是說出明白可見的事實，聽起來就很像在敷衍對方，這樣只會讓對方更加生氣。我記得剛開始當 FBI 探員時，常常需要出差。我跟太太那時有三個小孩，一個小嬰兒跟兩個還在學走路的小小孩。有一次，我出差兩個禮拜，回家時，我把門打開然後大聲說：「我回來了！」我本來期待老婆會走來歡迎我、抱我、親我。事情可沒那麼美好。她只說了一句：「也該回來了吧。你不在家幫忙我帶小孩，我都要抓狂了。」我可以只用簡單的同理心句型，說句：「你生氣了喔」，但是這樣絕對不會有好結果。所以我用了複雜的同理心句型，針對她生氣的原因來做同理。我說：「我不在家幫忙帶小孩，讓妳覺得忙不過來。」我講到重點了，她生氣地說：「本來每週三晚上我都可以跟朋友出去，好好地跟朋友聊天、轉換心情，不要一直跟小孩綁在一起。」我這時本來可以用一句簡單的同理心句型，說：「妳很想念跟朋友出去放鬆的時光。」但是這樣也不會有太好的結果，所以我再度用了複雜的同理心句型：「妳很珍惜跟朋友相處的時間，因為這樣可以幫助妳放鬆，不用一直照顧小孩。」

怒氣其實就是潛在問題的徵兆。你運用同理心句型時，應該要針對潛在的問題去做同理。揭露對方生氣真正的原因能幫助對方發洩怒氣，而在對方發洩怒氣時，也可以運用有效的同理心句型來控制。

憤怒釋放

憤怒釋放對於打破憤怒循環來說很重要，因為這樣可以降低挫折感。同理心句型的運用，把對方的怒氣變得比較沒有威脅性，降低「戰鬥或逃跑」反應的影響。一旦生氣的人把挫折感發洩出來，他們就會比較願意接受解決方案，因為他們現在已經比較不生氣了，比較能夠理性思考。

憤怒釋放不是一次性的發怒，而是一連串的怒氣釋放。第一次發洩怒氣時，通常會最強烈。這樣可以讓生氣的人在一開始就把所有的怒氣都「爆發」出來。接下來他發洩的怒氣，強度就會明顯降低，除非你為他們火上加油。

在怒氣發洩之後會有一段暫停時間。在這段期間，你就可以建立同理心句型。因為同理心句型鼓勵怒氣釋放，生氣的人很有可能會繼續發怒，雖然這時憤怒的程度已經降低很多了。在每次暫停時，你都要繼續說同理心句型，一直到對方的怒氣完全發洩。嘆息、長長的吐氣、肩膀放鬆下垂、目光往下看，這些都是怒氣已經發洩完畢的徵兆。這時候，你就可以開始提議解決方式。

提議解決方式

提議解決方式可以引導生氣的人採取解決衝突的行動。提議解決方式時，應該要讓生氣的人無法不接受你所建議的行動，進而讓怒氣的力量轉化成解決問題的方法，讓雙方都感到滿意。

我們回來看一下剛剛提到的那次尷尬經驗。在運用了幾次同理心句型後，我太太的怒氣終於消逝了。她大大地嘆了一口氣，肩膀放鬆。她已經發洩完了。現在就是提出解決方式的時刻，引導她採取行動、解決問題。我提議了以下的解決方式：「那我帶孩子們去我媽媽家，然後我們一起去高級餐廳吃飯，好不好？這陣子妳辛苦了。」我太太很難拒絕我提供的這個提議。如果她拒絕，不就是承認她不要去高級餐廳、沒有覺得忙不過來、照顧孩子不需要休息？這些正是她剛剛發怒時抱怨的東西。運用這樣的技巧，我有效地化解危機，這個狀況本來可能會變成兩人大吵，讓我們兩個人都又生氣又挫折。

如果一個生氣的人拒絕你的提議，你就要重新開始破解憤怒循環，繼續建立新的同理心句型。如果我的太太拒絕我的提議，那我們的對話就會像以下這樣：

我：「那我帶孩子們去我媽媽家，然後我們一起去高級餐廳吃飯，好不好？這陣子妳辛苦了。」

（提議解決方案）

太太：「先生，你不要以為這樣沒事了。」（拒絕提議）

我：「所以妳覺得只出去放鬆一晚不夠，無法彌補妳這兩週來的辛苦。」（同理心句型，重新打破憤怒循環）

拒絕提議通常代表對方還沒有發洩完畢，這時你就需要重新開始打破憤怒循環幫助對方發洩剩餘的怒氣。有些人有很深層的問題，可能永遠無法解決。這種時候，你能提供的最好解決方式就是同意你們兩個無法達成共識，或者你們也可以同意不要再討論這個敏感話題。這些解決方式可以幫你們在感情中設定界線，不會突然破壞感情。

破解憤怒循環在你面對生氣的人時，都可以派上用場。以下這個海關與旅客之間的對話，就是破解憤怒循環、解決爭端很好的例子。

海關人員：「小姐，妳不能帶泥沙入關。」

旅客：「這是我從聖地帶回來的聖沙，我不會丟掉的！」

海關人員：「妳不想要把沙丟掉，因為這沙對妳來說很重要。」（同理心句型）

旅客：「當然了，這是很特別的沙。這是受到祝福的沙，可以驅逐邪靈，保護我不會生病。我

不會把它丟掉，你不能逼我。」（發洩怒氣）
海關人員：「這個沙可以驅凶避邪，讓妳不會生病。」（同理心句型）
旅客：「我拿到這個沙之後就都沒有生過病了。我真的很需要它。」（發洩怒氣）
海關人員：「妳很重視身體健康。」（同理心句型）
旅客：「對。」（嘆一口氣，肩膀放鬆下垂）
海關人員：「我們來一起想想辦法（提議解決方式），好嗎？」（旅客無法拒絕，否則會顯得不講理）
旅客：「當然好。」
海關人員：「規定是說不能帶任何泥沙進入美國，因為泥沙裡的微生物可能會讓農作物感染（提供原因），我想妳也不想要讓大家生病吧？」（提供解決方案）（旅客無法說不，否則會顯得不講理）
海關人員：「請妳把這罐沙給我，這樣妳才可以進入美國。」
旅客：「好吧，如果一定要這樣的話。」（自願配合）

假如上面這個例子裡的旅客還是繼續生氣，不願意配合丟棄泥沙，海關人員就會重新開始破解憤怒循環。

海關人員：「請妳把這罐沙給我，這樣妳就可以進入美國。」

旅客：「我的沙沒有被污染。我不能給你。」

海關人員：「妳真的很想要留著這個沙。」（同理心句型）

旅客：「我真的很需要聖沙。可不可以讓我至少留一小撮？」（漸漸開始自願配合）

海關人員：「妳想要至少留一點沙帶入美國嗎？」（同理心句型）

旅客：「對啊，可不可以至少讓我留一小撮？一點點沙不會怎樣吧。」（漸漸開始自願配合）

海關人員：「就算只有一點點沙，也有可能會傷害我們的農作物。（提供解釋）請妳把沙給我，這樣妳才可以進入美國。」（提供解決方式）

旅客：「好吧，如果一定要給你的話。我真的很不想要這樣。」（自願配合）

如果海關人員重新破解憤怒循環，旅客卻沒有開始漸漸自願配合，海關人員就可以提供兩個選擇，讓生氣的人自己選擇要怎麼做。給生氣的人兩個選項來選，會製造一種假象，讓對方以為情況在自己的控制之下。以下的例子就是運用了這個「讓你選」的技巧。

旅客：「我拒絕丟棄我的聖沙。」

海關人員：「妳對這件事好像很堅持。（同理心句型）規定是說，妳不能帶泥沙進入美國。妳現在必須要做一個決定。第一個選擇是現在就丟棄這些沙，然後妳就可以進入美國。第二個選擇是留著沙，但是妳就不能進入美國。（提供兩個選擇）這是妳可以做的決定。接下來想要怎麼做，都看妳。」（創造旅客有控制權的假象）

旅客：「我想要進入美國，所以我其實根本沒有選擇。把沙拿走吧。」（自願配合）

海關人員：「妳做的決定是對的。歡迎來到美國。」

在這些情境中，海關人員讓旅客有一種自己有控制權的感覺，但其實是海關人員一步一步引導旅客自願配合。

有些人會覺得如果用引導或影響的技巧，而不是大聲訓嚇，就失去了自己的權威。但是透過破解憤怒循環得到對方的自願配合，不但讓自己更有權威，也避免狀況失去控制，生氣的人越來越生氣，越來越不配合等等。你只要破解憤怒循環，生氣的人就很有可能會配合你，做出你想要他們做的決定，同時也會覺得你尊重他們。沒有什麼方法比這樣化解憤怒更好了。

努力挽回，感情還是「走味」了，怎麼辦？

只要你運用這本書提到的技巧來建立跟維持健康快樂的感情，通常你都會成功。但是，如果你已經很努力維持一段感情，還是無法讓狀況變好，怎麼辦？尤其是長期的關係，你已經在這段感情裡投注了很多時間跟精力，你會希望不要一遇到挫折就這樣結束。事實上，通常感情不會這麼輕易結束。通常我們進入婚姻或者是維持長期關係，都是因為我們真的想要跟對方長久地在一起。

但是有些時候，就算我們想要跟對方在一起，也願意負責任，但是還是很難維持長期關係。為什麼呢？可能的理由有很多，但最常見的理由如下：

- 興趣不同：二十幾歲的時候有同樣想法跟志業的人，在三十年後不一定還是有同樣的想法。如果兩人不認同彼此新的人生志業跟生活重心，就會對長期關係造成很大的影響。
- 空巢期：當孩子們都離家之後，兩人或其中一人也有可能就會想結束關係。

- 追求更多自由：在一起已經很久的伴侶，尤其是很早就結婚的伴侶，有時候會覺得被這段關係「困住」。看到單身的朋友自由自在，他們也會想要追求自由。這就是經典的「外國的月亮比較圓」症狀。結婚的人想要像單身的人一樣自由自在，但是單身的人想要像已婚的人一樣穩定。
- 追求改變：你有沒有想過，為什麼六十幾歲、七十幾歲的人很容易離婚？有時候我們就是會突然意識到，人不會長生不死，如果想要經歷另外一種人生，我們就要快點行動。
- 其中一人或兩人都有了個性上的改變：我們的個性其實不是從青少年時期就固定，從此靜止不動。我們還是會隨著時間改變，這些改變有時會讓兩人的距離變大，最後就會分手。
- 第三者介入：行為學家常常會辯論，人類到底是不是天生一夫一妻制的動物。這個問題一直沒有結論，長期關係也一直因為有人愛上別人而結束。
- 在感情中感到無趣：一直做同樣的事會讓人感到無趣，這種無趣的感覺會讓以前覺得很刺激的事變得很平凡、無法滿足彼此，而這樣就會加快感情崩壞的速度。
- 兩人不合之處越來越明顯：隨著感情發展，我們也會成長。如果一方發展出另一方無法接受的行為，就會造成一些問題。例如，關係中的一方開始酗酒或是沈迷賭博、或者漸漸對性感到冷感，或變得比較不愛互動，甚至可能是一方開始打呼（而另一半很淺眠，深受干擾）。

好消息是，只要雙方都願意承諾繼續在一起付出，願意做任何事來修復感情，這些問題都可以靠共同努力或協商來解決。

最好的朋友也有可能吵得最嚴重！良好的關係，不管是長期或短期，都需要努力才能開花結果。就像一心想要植物開花的園丁，你一定要用關愛、耐心、與愛，來好好培養關係，讓它開花結果。不能一看到有枯萎的徵兆，就放棄這段關係，讓它自生自滅。你在考慮放棄之前，一定要確定自己已經做了一切努力來挽救。

婚姻拉警報專用消防栓

有人曾經給我一個很棒的建議，我後來都盡力把這個建議轉告給年輕情侶：當感情才剛開始，仍充滿活力與愛意時，寫信給彼此。你喜歡對方哪裡，景仰對方哪些特點，把自己的內心想法全部寫出來。但是不要把這些信給對方看。把這些信一封一封密封起來，信封上面寫上你伴侶的名字，然後把這些信放進盒子裡，收到一個安全的地方。

如果兩人的感情變調走味了，這時就可以把信拿出來給對方看。這樣充滿感情的紀念，有時候可以重新燃起兩人的愛意，推動兩人進入相處的新階段。這些信也可以拿來破除感情上的停滯感，讓你有動力去解決任何感情上的重大問題，推你跟你的伴侶一把，讓你們重回軌道，開始解決兩人間的問題。

我跟某個人說了這個建議之後，他還做了一個有玻璃蓋的木盒，有點像消防緊急按鈕，然後他在旁邊用鐵鍊繫了一個小小的鐵槌，盒子上寫著：「婚姻拉警報專用」。箱子裡的信就是在提醒彼此兩個人剛開始戀愛時，互相吸引、互相崇拜愛慕的原因。在吵架或彼此意見不合時，兩人就可以問彼此：「要不要打破玻璃拉警報？」這樣明白的提醒，可以讓吵架或不合迅速降溫，幫助兩人成功解決衝突。

第八章　網路交友，是詐騙還是真愛？

在網路世界裡，每個人都可以創造一個理想的自己。
真正麻煩的事，是在真的見到彼此之後。

——Tokii社群網站

這是一個真實故事，算是在網路時代才能發生的一段愛情故事吧。故事主角是一個六十八歲的教授，還有一個捷克裔比基尼模特兒。這個學者聰明絕頂：他是北卡羅來納大學教堂山分校的粒子物理學學者，經驗超過三十年。

這位教授因為最近跟太太離異，感到十分孤單，於是就到線上交友網站交友，遇見了這個捷克美女。幾封電郵往來、聊天室跟即時訊息聊天後，教授發現這個美麗的模特兒想要退出模特兒界，跟自己結婚。他似乎從來沒想過這個網路上的女人可能是假扮的，也沒思考過為什麼一個年輕貌美的女模特兒會想要嫁給他。

不幸的是，他最後終於知道為什麼了。教授幾次要求跟這個年輕女人講電話，卻都沒有成功，但最後她終於同意要在真實世界裡見他。模特兒當時在玻利維亞工作，教授只要飛到那裡，她就願意見他。他很快地答應了。接下來的故事，說來真的是讓人難過。

由於一些票務問題，教授抵達玻利維亞的時間延誤，他到了之後才發現他的「女朋友」已經離開玻利維亞了。但是模特兒告訴他不要擔心，她會幫他安排飛到比利時的布魯塞爾，她現在在那邊拍攝照片，教授可以去找她。但是模特兒要求教授幫她帶一個她留在玻利維亞的袋子。在布宜諾斯艾利斯轉機時，機場安檢人員搜查了教授的行李，竟然發現包包裡藏有一千九百八十克的古柯鹼。教授最後被判毒品走私，但幸運的是他的判刑並不重。

而真實的那位捷克女模特兒的反應是什麼呢？她一方面害怕自己被這件事情連累，讓別人以為她也參與毒品走私，另一方面也對這位受騙的教授感到「同情」，她本人當然根本沒有透過網路認識這個人。對這件事有深入採訪報導的紐約時報記者麥欣．史旺說，監獄裡的其他受刑人花了一個月才說服教授，那個跟他聯絡的女人根本就是一個男人假扮的。

你聽完這個故事，應該會以為我是想要叫你不要透過網路來交友，但是其實我的用意不是這樣。只要你知道如何辨識對方的意圖是詐騙還是真心交友，網路世界就會對你大有幫助。

內向性格者的福音

比起面對面互動，內向性格的人透過網路跟人互動時，會比較願意分享訊息。這是因為網路的形式提供內向性格的人足夠時間來想出有意義的回覆。對內向性格的人來說，要跟別人開啟對話比較困難，尤其是跟陌生人，社群網路除去了這層社交壓力，讓內向性格的人可以自由地表達自己的想法，不會被外向性格的人打斷。最後，內向性格的人也比較願意透過網路說出自己真正的想法，不用擔心直接面對別人可能的負面回應。

找到兩人共同點更容易

相似法則（第四章）在網路世界可以發揮最大作用。要找到跟別人共同的興趣，網路世界提供了最佳途徑。想要找集郵同好嗎？上網就可以找到社團。對古董車展有興趣？網路上也有這樣的社團。想要找熱愛體育賽事，同時在動物收容所當志工，也愛吃華盛頓有機蘋果的人嗎？網路上也可以找到這樣的社團。嗯，應該吧。

只要你手指一點，就可以在使用網路的幾百萬人之中、在網路的幾千個不同主題聊天室、社團裡，找到志同道合的朋友。

數字會說話

如果你想要找一個有特定特質跟興趣的朋友，你會去酒吧或者其他只能容納一百多人的公眾場所找，還是會上網找呢？網路上有幾千幾百萬的人，等著你去點他。使用網路的人口之多，非常容易能找到你有興趣、也更加符合你特殊需求的對象。

怕丟臉？網路可以幫你避免

網路有匿名感，透過滑鼠就可以開始或結束關係，這樣的特色，讓網路使用者不用擔心會像跟人面對面互動時被對方拒絕，或因為對方不認同自己而感到丟臉。

可能變成朋友的人可以優先出線

尤其是在線上交友網站，尋找伴侶的人有機會描述自己理想伴侶的特色。當然，不是所有人都會符合這些條件。很多人就算根本不符合你的條件，還是會透過網路來跟你聯絡。但是交友網站上的篩選機制，還是可以幫你限制數量。

讓你好好「打量」別人

網路上充滿各種資訊。只要你會運用，網路提供了非常多的訊息，可以讓你更了解某件事或想發展關係的某個人，不管是你真實見過的，還是在網路上認識的。很顯然，搜尋網路上認識的可能對象是很重要的，因為你沒有辦法像在真實世界相處一樣，透過語言或肢體訊號來蒐集有關對方的資訊。

不可否認，網路已經改變了我們交友與維持關係的方式。這樣的互動越來越受歡迎，將來對我們發展關係的影響越大。

這代表什麼？我改編一下查爾斯．狄更斯說的話：「這可以是最好的時代，也可以是最壞的時代。」如果能夠好好運用，也有適當的安全措施，透過網路世界建立友誼會讓你覺得很有成就。但是，一頭栽進去網路交友的世界，卻沒有注意到可能的風險，就註定會釀成災禍。

臉書、推特、Instagram、網路聊天室、特殊興趣社團、電子郵件、部落格、網路搜尋引擎、交友網站……網路上要什麼有什麼，機會無所不在，你可以搜尋別人，也可以遇見未來的朋友甚至是伴侶。但是你要小心，或者像大白鯊預告片裡說的：「要戒慎恐懼」，每次上網，你都可能要付出代價。你說的話、你去的網站、你張貼的任何照片，甚至你的電子郵件跟即時訊息都可能會在網路變成永恆，讓你留下足跡，而這樣的足跡，可不像沙灘上的足跡能夠輕易去除！

打算雇用你的公司、你的曖昧對象、在偷偷跟蹤你的人、企業、甚至政府機關，都會運用你在網路上的活動來了解你、決定要怎麼對待你，就算他們運用的資訊根本是十年前的資料也一樣。

請記得，你所張貼的東西就代表了你的為人，而且是永永遠遠，無法抹滅。無論何時，你在電腦前坐下開始上網之前，你都要提醒自己這句話：「如果我現在做的事突然出現在明天的報紙頭條，或者是十年後的報紙頭條，我會不會覺得丟臉？」如果答案是「會」，或者是「也許」，你在點下傳送之前要先想一想。三思而後行，就可以避免未來的傷心失落。

學習合宜的網路禮儀

不管是在網路上，或在使用電子產品講話、傳簡訊、查資料，這幾項守則也能讓你使用網路時更安全，跟網友的互動更加愉快，增加交友的機會，不會製造敵人。

智慧型手機

在佛羅里達的一個電影院，有一個男人因為燈暗後還在用智慧型手機，被別人射殺。如果你在不適合的地方傳訊息或講電話，應該是不會遇到這樣不幸的命運，但是有一些規則你還是要遵守，這樣才能保護你自己以及你的個資不受損害。

1. 在任何公眾場所或者是私人場所，只要手機的聲響會讓別人分心，手機就應該要關靜音。
2. 在任何公眾場所或私人場所，如果你講電話時會令旁人分心，就應該要避免講電話。（例如：我不想要在一間高級餐廳裡放鬆享受時，聽到你絮絮叨叨地講家裡或工作上的問題。）
3. 手機有可能被盜。你不想要公開的照片或資訊，還是快點從手機裡刪除吧。

4.大部分的電信帳單會詳細記錄你打出或接到的電話。如果你不想要別人知道誰打給你或你打給誰，最好要記得這件事。

5.最好不要用手機記錄一些不恰當的事。例如，有一個英國的女人看了男友的手機，結果看到他跟一隻狗人獸交。最糟糕的是，那隻狗是她的狗！但這個女人對這件事作何反應，沒有後續報導。

6.傳送「挑逗訊息」，尤其是有附圖片的，真的不是一個好主意。就算是夫妻之間也一樣。這些照片可能會突然出現在社群網站上，尤其是夫妻離婚之後，有人想要復仇時。

7.不要讓虛擬世界裡的關係取代真實世界裡的關係。每個人能忍受別人在跟他們相處時，花多少時間滑手機或講電話的程度不太一樣。就算跟你在一起的人（你的約會對象、朋友、或者是生意往來的客戶）很懂高科技產品，也能接受別人跟他們在一起時滑手機講電話，但你跟他們在一起時接電話、看訊息，或眼光一直飄向手機，都還是很不禮貌的。之前有提到，專心聽對方說話是很重要的。這樣能讓對方覺得你對他們是有興趣的，也很尊重他們，讓對方更容易喜歡你，也更願意跟你當朋友。如果你跟別人在一起時，還是堅持要一直看手機，你就不要妄想可以跟別人有良好關係。

電子郵件

1.電子郵件的性質介於簡訊跟信件之間，可以很正式，也可以很不正式。當然，傳給可能雇用你的公司或者重要客戶的電子郵件，應該要像傳統信件一樣，有經過思考，也有斟酌字句。另外也建議在電子郵件裡不要使用簡訊會用的縮寫，也要記得在送出之前檢查有沒有打錯字。

2.用電子郵件時，會需要輸入你的名稱，你要謹慎三思。朋友之間可以使用的暱稱，在你需要跟未來的雇主或者你小孩的老師聯絡時，可能會顯得非常不恰當。我有一個同事在一間商管學院教人力資源管理，她有一次給我看她蒐集的「最不妥當暱稱大排名」，這些都是來自她的學生，有些學生還真的用這些暱稱來寫信投履歷。最不妥的第一名是：「舔我」。

3.寫電子郵件的時候不要用英文大寫字體。用英文大寫字體就等於是在對別人大叫，非常沒有禮貌。

4.如果你非常生氣，或者是很煩躁時，千萬不要寫電子郵件。之前我們有講過，生氣的人沒有辦法理性思考。如果你一定要在這時候寫電子郵件，也不要按送出，總之不要那麼快就寄。先放個幾小時，然後在你冷靜下來，比較能理性思考之後，重新讀這封信。到那時你再來考慮，你到底是要寄出這封信，還是要好好修改一下。另外一個不要立刻送出信的好理由是，這樣會讓情況更加惡化。如果你不理這個問題，可能幾小時之後這個問題就會解決，或者自動消失。冒冒失失送出生氣的回覆，會讓解決事情的可能變小。

5.當你準備好要傳送郵件時，記得要確認收件者是不是你要寄的人。在寄出郵件之前先確認收件人正確，而不是按到了「回覆所有人」，這樣可以省去你很多尷尬。

6.電子郵件也可能會「恆久遠」（一封電郵可能會在網路上留存好幾個月甚至很多年）。一旦傳送出去，你的郵件就像有了自己的生命一樣，可能會被複製、被轉寄、被儲存等等。每一次你寫電子郵件時，你都應該要問自己：「要是這封信的內容被公開，而且會維持公開的狀態很久，我還會想要寄嗎？」

7.刪除的郵件還是可以被復原，就算你已經刪除很久了。這是因為大部分的網路瀏覽器會把刪除的郵件儲存在電腦裡。一旦郵件復原，你的私密訊息就可能被揭露。你還以為你已經把這些訊息刪除了，常常要搞到上了法院你才恍然大悟，原來你的私密訊息都還在。

8.除非你很確定你知道是誰寄夾帶檔案給你，也確定這個檔案真的是對方發出的，不然不要隨便開啟信件中的夾帶檔案。電子郵件常常被盜用，然後寄病毒給所有的聯絡人。通常，除非必要，最好是不要開任何夾帶檔案。最好用可以掃描夾帶檔案的防毒軟體來保護你的電腦，不然用自己的電腦開夾帶檔案就像不安全性行為一樣危險。

社群網站（臉書、推特、Tumblr等等）

1. 社群網站平台過濾訊息的機制各不相同，誰能看見你的貼文、誰看不見，因各平台設定而異。你要熟記這些過濾機制，並妥善運用。
2. 要做好最壞的打算，任何張貼在社群網站的內容或照片，都可以被別人取得利用，再複製給別人看見。而且要記得，大學時期你那些喝酒玩瘋了的派對照，有一天有可能會被考慮雇用你的老闆看到，或者是被你的父母、未來的伴侶、甚至被你丈母娘看到！
3. 總而言之，限制自己的網路足跡總是好的。太常使用社群網路會讓你的網路足跡更多，也有可能會在未來造成問題。
4. 網路上交友要謹慎！

數位相機大偵探

你現在應該已經知道我很常搭飛機旅行。這次我在納許維爾（Nashville）機場，我走到了櫃台邊看看自己能不能搭上更早一點的班機。但是這故事結局可不是我又得到機艙升等。

當時櫃台人員，一男一女，正在仔細檢查一台看起來價格不菲的數位相機。我聽到他們對彼此說：「這相機上沒有名字，也沒有可以辨識出失主是誰的資訊。我們要想辦法找出到底這相機是誰的，把相機還給失主。」我問他們在做什麼，他們異口同聲地說：「我們是美國航空的 FBI 探員。」我告訴他們我是真正的 FBI 探員，雖然我退休了。我問他們，他們沒有任何線索，要怎麼找相機失主。男服務員說，他們要把相機打開，看看相機裡面的照片是否有線索。我看著他們一步一步解決謎題，覺得很有趣。他們一張一張看那些標著日期的相片，蒐集到了很多訊息。相機主人是一個拉丁美洲裔男性，他在拉斯維加斯待了三天，應該是出差，因為沒有跟家人合照。兩個櫃員繼續瀏覽著照片。女櫃員突然跟男櫃員擊掌，然後大叫：「我找到了！」她給我看一張上禮拜照的照片。照片裡是一個看起來很新的屋子，有漆成藍色的木頭邊框。我看了照片，還是不知所以然，不懂他們為什麼那麼興奮。女櫃員指著屋子說：「這種屋子通常都是在東岸的大西洋中部各州。」我心想：「所以呢？」她指著插在前院、照片中幾乎看不見的牌子，上面寫著「求售」。我說：「喔。」還是不懂這個牌子有什麼了不起。她用相機的縮放功能把牌子放大，上面房仲的電話地址此時就看得一清二楚了。房仲的辦公室是在南卡羅來納州的哥倫比亞市，我終於懂了。我大聲說：「這個相機的主人可能是從哥倫比亞市來的，因為如果不是要買房子，平常人是不會去照求售的房子的。」女櫃員接著說：「剛剛才有一架飛往南卡羅來納州哥倫比亞市的飛機登機。」她拿出旅客名單，碰巧名單上只有幾個西班牙語的名字。我後來必須登機了，但是我相信美國航空的 FBI 探員一定可以找到相機的失主，把相機還給他。我很驚訝透過相機的照片資訊搜尋相機失主如此容易。我也很驚訝他們竟然服務如此周到，竟然真的找到相機失主。他們跟我表示，用這同樣的方法，他們找出了很多電子用品的失主。這個故事告訴我們，在電子世界裡，我們要維持匿名是很難的。你下次在網路上張貼什麼東西之前，甚至按下相機之前，你都要記得這件事。

鯰魚還是魚子醬？網路戀情須知

網路提供了很好的環境，讓人與人培養友誼，甚至能培養出一輩子的關係。這樣的特色也造就了許多交友網站的誕生和發展，協助我們約會交友，讓想要尋找另一半的人能遇見彼此。這些交友網站的老闆都聲稱他們很會幫大家配對：他們提供了一個機制，讓大家透過網路彼此認識，最後讓兩人在真實世界建立長期關係。

運用網路來尋找真愛，可能是千古佳話，也可能是萬丈煉獄。我們這邊會討論幾個影響網路交友經驗的因素。雖然沒有人可以保證你的網路戀情會成功、毫無問題，但是在網路交友和約會時，還是可以用來增加遇到好人的機會，減少遇人不淑的可能。

一鍵鍾情

有個印第安納州聖母大學的明星美式足球隊球員愛上了一個網路上認識的女人。然後悲劇來了，他的戀人白血病過世了。更慘的是，她過世的那天，也是年輕人祖母過世的那天。

這個足球明星的雙重厄運，上了全國新聞。但是很快地這個故事就被另外一個更轟動的故事蓋過去了：原來他愛上的這個女人根本沒死，因為她根本就不是真實存在的人！她只是某個人為了要捉弄這個年輕人，在網路上創立的帳號。

還有莎娜跟艾登夫婦的奇譚。這對已婚夫妻的婚姻生活不太順利，所以兩個人各自背著彼此上網，各自用了假名小甜跟快樂王子，到網路聊天室去抱怨他們的婚姻生活，尋找新的真愛。兩人花了一些時間，也跟不少人聊過天，最後終於在網路上找到能對他們的問題產生共鳴的人，而這種相處正是他們在婚姻生活中所欠缺的。

莎娜跟艾登知道他們已經找到了人生的真愛，於是決定要約一個時間跟地點，跟網路上的戀人見面。在這個重要的日子，莎娜跟艾登各自編造了藉口，告訴對方自己有事，也確保各自的謊言不會被拆穿。然後就各自出發去見自己的網路小三，去追尋他們婚姻裡欠缺的一切。

等他們到了約定見面的地點，莎娜跟艾登終於見到他們的網路戀人。而他們可不是一見鍾情。原來莎娜跟艾登都不知道，兩人各自在網路上偷吃，對象根本就是自己的伴侶。

這兩個人到底算不算出軌，這個論辯就留給倫理學家跟律師來討論，畢竟，要跟自己的伴侶出軌實在有點難想像。但是「小甜」跟「快樂王子」可一點都不開心，據報導，兩人都控告彼此不忠，要申請離婚。

這些故事代表了什麼呢？

1. 在網路上建立的關係可能跟面對面建立的關係一樣強烈，有時候還更加強烈。
2. 在網路上，很多事情都不是表面上看起來的那樣。
3. 如果一個世界級的物理學家會在網路上被騙，你也很有可能會在網路上被騙。
4. 網路上有很多壞人變態，就像真實世界裡也有很多壞人變態。
5. 網路戀情的詐騙比我們想像的更加普遍。網路戀情已經如此普遍，甚至有紀錄片、MTV 拍攝的實境秀和電影，都在討論這個現象。專門處理網路爭議的律師派芮·雅芙塔用「鯰魚」（catfish）

這個字來形容「在社群軟體上假裝自己是另一種人的人」，這種現象很普遍，我則把這個詞更進一步改成「黏魚」（catphish），用來稱呼那些想要騙取你的資訊的駭客。

6.因為網路提供的匿名性，我們會說出平常面對面互動時不會說出口的話。

7.不管是真實生活裡或網路上發生的事或遇到的人，如果一切太完美而感覺不太真實的話，就很有可能是騙人的！社群網路可能陷你於危機之中。沒有網路上的談話記錄可以保證維持匿名、不被公開，你一定要做好最壞的打算！

8.與面對面交談的狀況一樣，不以你真實的樣子面對，反而偽裝成另一種模樣，通常不會有好結果。

9.要安全有效率地使用網路，有很多方式。下面我們會提到一些建議，這些建議不但對在網路上尋找真愛的人有幫助，也對任何想要在網路交友的人都很有幫助。

真誠大測驗：在網路與真實世界測驗對方真誠度

讓我們的青少年兒女在網路上亂逛，尤其是我的女兒，對我跟太太來說，是非常可怕的一件事。

所以我教他們一些我面對嫌犯的技巧，幫助他們辨認網路上的人的真實性。這是為了要保護他們，不受網路世界或真實世界的壞人傷害。我希望你們把這些技巧學起來，也是為了同樣的原因，幫助你保護自己在網路或真實世界與人互動時不受傷害。這些不會冒犯到對方的真誠測驗，結果並不能完全證明對方在欺騙你，但是可以提供你一些指標，讓你知道這個人可能在說謊，或者至少可能在誇大事實。

婉轉回答法：「嗯……」

如果你問對方一個直接的是非問題，他回答時先說：「嗯……」，這樣的話很有可能他是在騙你，代表對方知道他們正要講的答案不是你想聽到的答案。你可以參考下面這個婉轉回答法的例子。

爸爸：「妳作業寫完沒？」

女兒：「嗯……」

爸爸：「回妳的房間去寫作業。」

女兒：「你怎麼知道我還沒寫作業？」

爸爸：「我是爸爸，這種事我都知道。」

爸爸不需要等女兒回答完，因為他知道女兒如果用「嗯」來回答他的直接問題，就是因為女兒知道她要告訴他跟他預期相反的答案。女兒知道爸爸問「你作業寫完沒？」時，會希望她說寫完了。

另一個例子，我因為懷疑一個人目擊謀殺，而跟他進行訪談。這個人在案發時間離犯罪現場很近，卻說沒有看到槍擊。訪談過程中，他都在迴避問題，我決定測試他有沒有在說謊，所以我問了他一個是非題。

我：「案發當時，你有看到發生什麼事嗎？」

證人：「嗯……我在的地方很暗，很難看到發生什麼事。當時很黑，而且一切發生得很快。」

我問證人一個直接的問題，他知道我期待他說有。他一用「嗯……」來回答，我就知道他要說的答案不會是「有」。我讓這位證人把話講完，以免讓他知道我在用這樣的技巧測試他。

「嗯……」這種婉轉回答法，只能用在你問對方是非問題時。如果有人用「嗯……」來回答開放式問題，例如「明年的超級盃哪隊會贏？」，這時候的「嗯……」代表對方在思考要怎麼回答你問的問題。你應該讓對方講完話，不要讓他們對於這種辨識法有所警覺。但要注意，如果對方知道這個技巧的話，他就會故意避免使用「嗯……」。

養成習慣問別人直接的是非題，然後注意聽對方的回答。如果對方用「嗯……」來回答問題或者不直接回答問題，他就很有可能是在說謊，對他就需要更進一步觀察。

模稜兩可、轉移話題的灰色地帶

如果有人不想要回答直接的是非問題，他們就會把話題帶入一個灰色地帶。灰色地帶介於真實與虛假之間，充滿半真半假的言語、藉口、推測。柯林頓總統對陪審團說的話，就是灰色地帶的代表。他說的話大致是：「要看你說『沒有』的定義是什麼，如果『沒有』是指從以前到現在都沒有，那是一回事。但如果『沒有』是指『現在』沒有，那這句話就完全是真實的。」柯林頓很聰明地用模稜兩可的話，避免回答檢察官的直接是非題。

下面一對母女的對話，也是灰色地帶的例子。

媽媽：「老師今天下午打來說她懷疑妳考試作弊，妳考試有沒有作弊？」

女兒：「我每天晚上都花兩小時讀書，我比其他人都還要用功。沒有讀書的人才需要作弊，我都有讀書啊。妳不要污衊我，說我作弊！」

媽媽：「我沒有污衊妳。」

女兒：「妳就是在污衊我！」

媽媽問了女兒一個直接的是非問題，女兒卻選擇不用簡單的有或沒有來回答，不願直接回答問題。女兒最後指控媽媽污衊她，這樣反守為攻。話題不再是她有沒有作弊，而是媽媽沒有證據就污衊她。

媽媽如果要避免焦點模糊，要先辨識出女兒正在轉移話題，然後把對話引導回一開始的問題。如下：

媽媽：「老師今天下午打來說她懷疑妳考試作弊，妳考試有沒有作弊？」

女兒：「我每天晚上都花兩小時讀書，我比其他人都還要用功。沒有讀書的人才需要作弊，我都有讀書啊。妳不要污衊我，說我作弊！」

媽媽：「我知道妳很認真唸書，成績也很好。但這不是我問的問題，我是問妳考試有沒有作弊。妳到底考試有沒有作弊？」

把整個對話引導回原本的問題，可以迫使女兒正面回答。女兒一定要回答有或沒有，或者是再度開始進入灰色地帶，轉移焦點。不正面回答這種直接的問題，並不是對方在說謊的鐵證，但是代表對方在說謊的可能性很高。如果女兒沒有作弊，直接說沒有應該不會如此困難。真相永遠很簡單。真相也很直接，一點也不複雜。

我為什麼要相信你？

別人回答你的問題之後，直接問對方：「我為什麼要相信你？」，誠實的人就會說：「因為我說的是實話。」或者是其他類似的回答。誠實的人會把重點放在精準傳達出事實，而說謊的人則會說服別人他說的是真的。因為說謊的人不能依賴事實來建立自己的可信程度，他們常常會「膨風」自己的可信度，來讓他們說的「事實」看似更可信。

如果別人沒有回覆你類似「因為我說的是實話。」的答案，你可以跟他說他的回應沒有回答到你的問題，然後再問一次你的問題：「我為什麼要相信你？」如果他還是沒有說：「因為我說的是實話。」那他在騙你的可能性就提高了。下面這個父子之間的對話，就用了「我為什麼要相信你」這個技巧。

爸爸：「今天早上我抽屜裡還有十塊美金，現在不見了。你有沒有拿我抽屜裡的錢？」

兒子：「沒有。」

爸爸：「兒子，我很想要相信你，但我覺得很難。你說，我為什麼要相信你？」

兒子：「我不是小偷。」

爸爸：「我沒有問你『你是不是小偷』。我的問題是我為什麼要相信你。兒子，我為什麼要相信你？」

兒子：「因為我沒有偷你的錢。我說的是真的。」

爸爸：「我知道你說的是真的，我相信你。」

這個例子裡，兒子回答說他不是小偷，這樣的回應並沒有回答到「我為什麼要相信你」這個問題。爸爸再問了兒子一次，告訴他問題是為什麼他要相信他。這次兒子回答說：「因為我沒有偷你的錢。我說的是真的。」這樣代表兒子有可能說的是實話。雖然他正確地回答了我們的問題，但是這也不能代表他說的是實話，只是代表他說謊話的機率降低了。

你跟別人透過網路即時訊息、智慧型手機簡訊來溝通的時候，可以運用這些簡單又不會侵犯到對方的技巧來測試對方的真誠度。這些技巧很巧妙，跟你互動的人不會發現。雖然這些技巧只能當作參考，不能拿來當對方說謊的證據，但還是能保護你，不受網路上的壞人欺騙。

偵測真假帳號簡介

大部分的人都不會很精確地在個人帳號簡介上描述自己，尤其是交友網站上的個人簡介。一項調查了八十個在不同交友網站上註冊帳號、填寫個人簡介的人。結果發現，百分之八十一的人會說謊，他們會謊報一項以上的身體特徵，例如身高、體重、年紀等等。女性比較容易在體重方面謊報，男性則比較容易謊報身高。體重比平均值重的女性比較會謊報自己的肥胖程度。同樣地，男性身高比平均矮的人比較容易謊報身高。參加這項調查的受試者表示，他們比較常在照片上動手腳，比較不會在關係狀態上說謊，例如是否已婚，有幾個小孩等等。

研究也發現，三分之一的網路照片都跟本人不像。女性照片不像本人的機率比較高，通常看起來比較年輕，也比較可能有用 Photoshop 修過，或者是請專業攝影師拍的。除此之外，比較沒有吸引力的人更有可能想加強他們的個人簡介。最有趣的發現則是，雖然大家常常在網路個人簡介上說謊，但其實謊話都不會太誇張，以免之後真的要跟交友網站上認識的人見面。

網路上的個人簡介有許多騙人之處，不是什麼令人驚訝的事。畢竟，交友網站上的個人簡介，就像初次約會一樣。只要有跟別人初次約會，都可以理解那種希望對方看到自己最好一面的心態。（就像初次工作面試，我們都會穿著一套面試專用正式服裝一樣。）女性會很仔細地斟酌自己的穿著打扮，花很多時間化妝，男性則會注意自己衣服顏色是否搭配，衣服是否整齊，不會皺得像梅干菜。也會在還沒開始講話之前，就已經在想等下聊天要說什麼。另外也會注意隱藏個人的缺點跟不好的習慣，跟對方說話時彬彬有禮，很有教養的樣子。總之，大家都努力想給對方好的第一印象。

第一次跟別人見面時，努力表現自己好的一面，不算是騙人，因為不管怎麼樣，你都還是你，只是你現在比較注意自己的言行。在網路上交友的人，也會想讓自己個人首頁看起來比較吸引人，但是上傳照片跟自我介紹時應該不要跟真正的自己差太遠。同樣地，想要透過網路來交友、尋找可能伴侶的人，應該要對你現在正在瀏覽的個人首頁抱持著參考的態度，這個人的真實樣貌可能不會比照片更吸引人或更優秀。

男性和女性都會覺得自己的外貌需要符合社會的審美觀，媒體也一直在加深這種審美價值。我們會說謊來讓自己更符合這樣的形象，希望可以吸引朋友或伴侶。覺得自己的外貌不符合主流審美觀的人，會比較沒自信，覺得自己如果不在性格或外貌上說謊，就沒辦法吸引別人、維持關係。這樣的狀況在未來不會有太大的改變，反而會隨著網路交友跟網路聊天室越來越普遍，而越演越烈。

想要在網路上追求感情的人應該要注意，哪些人的狀態是在「展現自己最好的一面」，哪些人是真的在騙人。騙人的個人帳號可能可以吸引到追求者或朋友，但是一旦這個騙局被揭露，信任問題、失望、跟背叛就會破壞兩人感情，興奮感、希望跟夢想都將消失殆盡。如果你想要嘗試網路戀情，記得在自己的個人簡介裡要誠實，也要有耐心。對的人值得你等待。

如何降低被「黏魚」騙的機率？

一個人的一顰一笑、一個轉頭、音調的輕微起伏，都可以提供你線索，讓你更了解對方的個性、是否真誠實在等等。前面有提到，我們的大腦會偵測語言與肢體訊息來評估對方，確認對方是否對我們有威脅。如果某些訊息是友好訊息，大腦通常會選擇忽略，不會起防衛心。如果某些訊息是敵對訊息，大腦就會啟動「戰鬥」或「逃跑」的反應，我們會建立防護罩，保護自己不受威脅。

語言與肢體訊息在短短幾秒內就可以有劇烈的變化。有沒有去注意這些改變，就決定了你的關係會是幸福還是煉獄。我們都會自然地運用語言與肢體訊息來評估別人，也很依賴這種方法來防止自己投入一段不好的戀情。

網路關係缺少這些訊息，沒有辦法讓我們去做這些判定。表情符號雖然可以幫助我們解讀文字訊息，但是只有表情符號還是不夠的。大腦還沒有建立足夠的樣本數來分辨網路交流裡哪些是友好訊息哪些是敵對訊息。這邊有幾個你在決定網路戀人是否真誠或是否值得時，可能會遇到的問題。

真實偏誤

我們都傾向相信別人說的話。這樣的狀況，就是所謂的「真實偏誤」，讓社會與貿易運作得以順利有效率。如果沒有真實偏誤，我們就會花很多時間在確認別人說的話是否為真。真實偏誤也是社交的常態。如果一直質疑朋友或工作夥伴的真誠可信度，關係就會變得很有壓力。因此，我們通常都會先相信別人，直到有證據證明對方不值得信任。

真實偏誤會給騙子優勢，發現對方可能欺騙我們之後，真實偏誤才會變弱。真實偏誤會使我們相信別人在電郵或訊息裡說的話，缺少語言跟肢體訊號，書面訊息的真實度就很難辨識。

真實偏誤的另一個特點就是，當我們在對方的言行裡看見幾個可疑或矛盾的地方時，我們還是會為對方找藉口，因為不這麼做的話，就必須懷疑對方的言行。為對方的行為找藉口，比去質疑對方容易很多。在網路上防止真實偏誤最好的方法，就是謹慎合理的懷疑，還有運用相反假設的技巧。

初始效應

真實偏誤會創造初始效應。我們第三章講過，初始效應會創造一種濾鏡，讓我們透過這個鏡頭來看待彼此的互動。初始效應不會改變真實事件本身，而是影響別人對事情的看法。別人寫的任何東西，你都認為是真的，除非你有理由懷疑他在說謊。沒有語言與肢體訊號，我們要評斷網路上的文字溝通就變得十分困難。

相反假設

相反假設可以幫助你不過度受真實偏誤跟初始效應影響，有效判斷網路聊天對象的真實性與個性。假設其實就是有根據的猜測，而相反假設就是根據同一組狀況，推測另一種結果。

例如，現在我們假設跟你網路通訊的這個人是真有其人，說的話也都是真的，相反假設就是假設對方是冒名用這個帳號，是一個騙子。在你們網路互動期間（例如在即時訊息聊天時），你可以蒐集證據來證實你的假設（對方是真人也是真誠的）或證實你的相反假設（對方是騙子假冒的）。

通常不會所有線索都指向你的假設，或全部指向相反假設，因為誠實的人時常會有一些言行讓自己顯得很不誠實，反而不誠實的人時常會看起來很真誠。但是，最後大部分的證據應該還是會偏向兩個假設之一。反抗真實偏誤跟初始效應對自己的影響，可以降低你在網路上被騙的可能。

吸引力法則

在第四章裡我們講過，有吸引力的人跟比較沒有吸引力的人比起來，會得到更多優待和關注。外貌上的吸引力在網路通訊的影響力比較小，除非個人首頁有附照片。你要記得我們常常會在網路上的個人首頁上撒點小謊，來加強我們吸引伴侶的可能。因為我們沒有跟對方面對面互動，我們就沒有依據來評斷對方的話是否為真。

如果有兩個人同時站在一起，我們通常會把兩個人拿來比較。如果沒有第二個人來做比較的話，我們很容易會把對方跟我們的理想情人比較。因為在網路上的跟你交流的對象只有一個人，你很容易會把這個人跟你的理想伴侶對比在一起。時間一久，我們就把理想對象的特點投射在網路戀人身上。這樣的錯誤投射，會增加我們被「黏魚」騙的機率。

如果沒有用 Skype，也沒有互傳照片，透過網路建立關係就只能依賴文字。這樣就限制了我們平常面對面建立關係時習慣運用的溝通技巧。我們之前有提過，找到彼此共通點是建立關係很棒的方式。要透過網路找到彼此共同點，你一定要跟對方分享一些私人訊息。分享私人訊息也是建立關係很有力的方式。跟面對面溝通比起來，在網路溝通時，我們會分享更多訊息，也會更快願意分享我們自己的事。造成這樣現象的其中一個原因，就是因為透過網路，你沒有語言與肢體訊號的幫助，不知道對方對你的自我揭露是接受還是排斥。

當我們在面對面溝通受到對方的排斥時，我們就會停止跟對方掏心掏肺。但是在網路交友就不是這樣。我們反而會更常跟對方分享我們私人的事。這樣自我揭露的頻率增高，就會讓兩人關係進展得比面對面互動時快，也因此跳過了發展感情很重要的一個步驟。在面對面溝通時，兩個人會有機會運用語言與肢體訊號，慢慢地分享一些私人的事情，控制關係發展的速度。如果感覺不對了，兩個人分道揚鑣時，還不至於告訴對方太多私事，不會造成彼此的尷尬。但是因為網路溝通缺乏這個步驟，讓你被騙的機率增加。

為美國收編間諜也跟發展感情差不多。間諜是需要一步一步說服的。有幾次，因為情報局行動所需，我必須讓我跟間諜之間的關係快點變好。結果這幾次的收編都沒有成功，因為我跳過了建立關係的第一個步驟。而這第一步是非常重要的。如果一下跟對方分享太多訊息，會讓感情減弱，目標會想要抽身。就像之前提過的，如果感情發展太迅速或太緩慢，你的對象可能會覺得你太急躁或太被動。網路戀情常常會違反你對戀情的期待，因為兩人在有心理準備之前，感情就被迫要達到很強烈、很緊密的程度。這樣對兩個人都會有不好的影響。

感情付出

你花越久的時間在一段網路戀情上，你就有可能越想繼續維持，因為你已經投入許多感情。但這不代表這段關係是好的，而是因為兩個人已經花了很多時間在互動培養感情，覺得不能就這樣算了，而且兩人已經互相分享許多私密訊息，要在此時抽身變得非常困難。

真實世界裏的感情付出

我舉一個例子，來解釋在真實世界裡，對一件事或一個人的感情付出會如何影響我們的行為，也教你如何利用這點來達到你的目的，尤其是你在購買昂貴物品的時候。假設你想要買一部新車。你先找到你想要的車子，然後跟車商說，只要價錢對了，你今天就會買。這時你可以拿出你的支票簿，寫上日期，在抬頭上寫上車商的名字。你可以跟業務解釋，只要寫下頭期款的金額跟簽上你的名字，就成交了。這個寫了一半的支票，就會讓業務感受到你要買車的決心。你可以告訴他你想要的價碼，然後等他回應。

有一次我就這麼做了，我為了買一台車，花了八小時議價！最後業務都要下班了，她只好讓步。她覺得她花了八小時跟我討價還價，還不賣我車，根本是浪費時間，因為這段時間她本來可以去賣車給別的客人。她對這段議價投入太多心力，讓她在心理產生壓力，只好接受我低得離譜的價格，不然她就要面對交易失敗。

認知衝突

認知衝突就是我們同時有兩個以上互相衝突的想法。我們明明知道應該要終止這段網路戀情，但還是會繼續，因為我們想要避免認知衝突。我們想要相信對方，不想相信對方是騙子。

就拿你自己當例子吧。你覺得自己是一個有知識、有判斷力的人，你也很愛這個你在網路上認識的人。如果你承認你其實是被騙了，那你就是承認你很天真好騙，因此你拒絕相信對方是騙子，避免造成認知衝突，讓自己覺得不開心。

那個愛上網路騙子的聖母大學美式足球員曼泰．提歐，在談論這個被騙的經驗時，就表現了認知衝突帶來的矛盾，他說：「要講這件事我真的覺得很糗，但是這段期間以來我對一個在網路上認識的女生產生了感情，我以為我們的關係是真的，我們很常在網上聊天跟講電話，我漸漸變得很在乎她。但是後來發現原來我只是被別人耍了，我到現在依然覺得很難過、很丟臉……事後想起來，我應該要更小心。希望藉由我的事情，讓其他人對於網路戀情更加小心，不要像我輕易受騙上當。」

揭穿「黏魚」的假面

要防止自己被網路黏魚所騙，可以逼他進入視覺世界，這樣你才可以透過你熟知的肢體訊號來確認對方是否跟透過網路展現的樣子一樣，也可以知道這段網路戀情是否在真實世界裡也一樣可以順利進行。在網路戀情的剛開始，你一定要知道，缺少肢體訊號的線索讓你處於劣勢。要記得假設一個相反假設，以免這段感情發展太快。

在有視覺證據之前，一定要假設對方是網路黏魚。你也要盡快要求跟對方見面。見面的地點應該選在人很多的公眾場所，以避免造成自身的危險。而且為了讓兩個人的見面比較不尷尬，最好安排隨性一點、時間短一點的見面。喝咖啡或吃個簡單午餐，這樣的安排比較理想。

假如要面對面見面有點困難，你至少要要求透過 Skype 或其他類似軟體視訊。如果對方不願意跟你面對面互動，或者一直找理由拒絕跟你視訊，那很可能事有蹊蹺。如果是這樣，你應該快點斷絕往來。如果不這樣做的話，有可能對你自己造成傷害，而且是很大的傷害。

在關係發展的前期，要求見面是避免被騙的有效方法。見面讓你可以評估對方的肢體訊號，來辨識對方是否是真誠的，同時也能避免自己對這個根本不認識的人有太多過於理想的想像。而在面對面互動時，你願意分享的個人訊息也會變得比較少，讓關係不會發展得太過迅速。讓關係發展慢下來，可以避免你對這段關係過度投入，這樣如果之後必須結束關係，你也不會那麼難過。

網路新世代：小心謹慎，採取預防措施

不可否認，網路上的人際互動，對於交友與培養感情已經有了很大的影響。隨著網路互動越來越普遍，網路互動對戀愛交友的影響只會越來越大。

只要你了解我們剛剛提到的風險，並且運用我教你的技巧來降低這些風險，要在網路上遇見好對象不是不可能的。其實，本章一開始就列了一些網路交友的優點，也因為這些優點，網路交友其實是很多人初期認識別人的首選。

只要小心謹慎，用常理判斷，網路就會是你交友跟發展感情的幫手。但如果你使用網路時不小心，不去注意你上傳或下載什麼東西，這樣就很有可能會讓自己大失所望，或者遇到更糟的事情。網路世界對你的生活跟感情來說是好是壞，都取決於你如何運用。

後記　應用友誼公式

所有的間諜都知道，盟友都是從敵人變成的。

——艾莉・卡特（Ally Carter）

最後我們再來講一個間諜故事吧。但這個故事不是發生在我在 FBI 工作的那段日子，這個故事可是有一百多年的歷史。上個世紀末，有一位德國王子跟英國皇室的小姐，來了一次浪漫的約會。但是德國政府在意的不是這段性關係，他們不開心的原因是因為他們發現，王子寫給情人的信充滿了國家機密。他們找來了一個優秀的德國間諜，名叫「葛雷夫醫生」，命令他：「把那些信拿回來！」

他還真的把信拿回來了。他去英國見了這個小姐，然後為德國取回王子給她的情書。下面幾頁是葛雷夫醫生的日記，裡面記錄了他是怎麼辦到這一切的。你在讀的時候，看看你可不可以辨認出這本書裡面教你的技巧，葛雷夫醫生就是運用這些技巧來取回信件的。

我先駐紮在羅素廣場酒店，幾天後再換去貴族住的朗廷酒店。我先進行試探性的調查，我去買了所有的社交新聞報紙，一頁一頁細心研讀，仔細摸索後，我找出了幾條線索，確認小姐通常是跟哪一群人社交。透過報社的社交版記者跟訪問在飯店認識的人，我開始一點一點蒐集到資料。很幸運地，那時正好是倫敦社交季節，大家都會進城。我很快就知道小姐信任的好友是誰，還有他們最喜歡在哪裡見面。下一步就是要了解小姐的個性、習慣還有喜好。我聽說小姐常常去海德公園騎馬，所以我也每天都去海德公園騎馬。我的耐心果然沒有白費，第五天的時候我就看到小姐跟一群朋友在一起騎馬。

隔天，我就在同一時間去了馬道騎馬。終於，小姐跟同一群朋友一起騎馬過來，等到她們快要離開視線的時候，我就策馬追上。我觀察她們下馬後把馬牽到哪裡，然後我就散步到這間馬廄，問了一些問題。我發現她們都在同一時間騎馬。從此以後，我就每天都在同時間去騎馬，每天經過小姐旁邊。有幾件事我尚稱擅長，馬術是其中之一。我在澳洲荒野上騎布倫比野馬，跌跌撞撞好幾次，還很多次鼻子都流血了。我也從圖瓦雷克人朋友身上學到了幾招騎馬技術，我就在小姐面前搬弄了幾次。我不期望小姐會因此叫人來引見，我只希望可以引起小姐注意，讓她跟朋友都熟悉我的長相，這是人類心理學的一個理論。一張常常見到卻不認識的面孔，會吸引注意，我就是運用了這個潛意識理論。

我很快就發現小姐跟她的朋友都非常喜歡追流行，倫敦社交界流行做什麼，他們都不會缺席。有一件事我很有興趣。每天下午三點到四點間，他們都會去卡爾頓露台吃草莓。所以我也去那邊吃草莓。

草莓季節的卡爾頓露台是個有著美麗顏色的時尚場所，貴族仕女衣袖翩翩如蝴蝶，大家聚集在此，個個時髦美麗，尊貴的教養舉止此時早已被大家拋棄，每個人都開心享樂，嘰嘰喳喳地閒聊，互相打趣挖苦。這個情景對我來說，是一幅有趣的上流社會縮影。坐在華麗的露台上，有帳幕覆蓋遮陽、四周玻璃環繞，低頭俯瞰變化萬千的泰晤士河，河上那航行的駁船與拖船來來去去，風景明媚。

要在卡爾頓露台享受美食，出手要大方。由於侍女周到的考慮，我得以得到一個眾人皆覬覦的座位，在靠近外面的角落，靠近小姐跟朋友的桌子。小姐已經在露台上的時候，我才會入座。我故意自己一人走進去，獨自坐著，展現出不想受到別人打擾的樣子。卡爾頓露台將草莓呈現給客人的方式很巧妙，他們把長著十多顆草莓的藤蔓放在一個銀製的大碗裡，再送到客人桌上。這是真是奢華的極限。你可以從你的藤蔓上摘下新鮮的草莓，卡爾頓會提供鮮奶油，一盤草莓要半個金幣（兩塊五毛）。通常一個人吃一盤就夠了，但我每天下午都點五盤。

日復一日，我每天都花梅克倫堡・什未林大公國兩塊半的金幣（十二塊五毛）吃草莓。我還會給侍女半塊金幣的小費，這樣我每天的帳單就是三塊金幣（十五塊）。大概有十天我都這樣，在同一時間去吃草莓。每次我都記得在小姐已經入座之後才入座，每次都點五盤草莓，每天都給侍女同樣的小費。不久之後，我就被小姐她們注意到了。我很快就發現，不只服務員，連露台的客人們都對我的怪癖開始產生興趣。有一天我走到位置上時，聽見有人說：「草莓怪來了。」

我很滿意。我知道，現在設局進入小姐的社交圈，已經變得容易許多了。我已經在倫敦當時最流行的餐廳被大家認為是一個下午三點到四點間會出現的奇景。小姐這樣的女人，是不會跟別人調情的。但因為我有了「草莓怪」這樣的稱號，我瞥眼看小姐的時候，她會回看我，我們兩人都淺淺微笑。這不算是調情，硬要吹毛求疵的話，這算是心電交流。

我繼續每天都去吃草莓，有一天，卡爾頓露台的一個經理來告訴我，大家都在打聽我的消息。很多人想要知道我是誰。我問他是哪些人想知道，經理告訴我其中一個男性是小姐的朋友。不難知道其實是小姐請這位朋友問的。

這期間，我寄了幾封信給大公國公爵，請他務必要禁止他的姪子到倫敦來，甚至除非公爵許可，否則禁止寫信給小姐，如果違反，就要斷他金援。現在倫敦已經到達社交季的巔峰了，我輪流去德魯理巷的皇家劇院跟帝國劇院看戲，我也會去俱樂部。我在這些場合看見幾個之前認識的人，我去跟幾個之前在打獵或水療時認識的人聊天，請他們介紹我給不同人認識。透過靈巧的手腕，我受邀到小姐朋友家喝下午茶。

在下午茶開始之前，別人就介紹我給小姐認識。小姐是一個典型的英國女性，並不是美若天仙，但是皮膚十分白淨，雙眸清澈，十分健康，這是阿爾比恩的女兒才能繼承到的美麗。小姐高挑纖瘦，卻強壯不柔弱，有著自由獨立的風格與行為，恰恰是德國女人的相反。我想這也是公爵的姪子之所以會這麼迷戀她的原因。

「你好嗎，你這野蠻的殖民地小伙子。還很喜歡吃草莓嗎？」

我們都笑了出來。

「小姐原來一直在觀察我，還把我的習慣都記下來了。」

「當然了。」她說話時甩了甩頭。

接著我們開始愉快自然地聊起天。我越來越理解為什麼公爵姪子那麼喜歡她，我甚至覺得他運氣那麼好，能受小姐青睞，真是可惡。

從那天起，只要小姐出席公眾場合，我就也會出席，不管是去劇院、音樂會、餐廳，漸漸地我不動聲色地贏得了她的信任。溫莎劇院的歌劇結束後，在印第安廳有一場晚宴，我也受邀參加。這時大家也大概認識我了。我扮成一個旅遊探險家，出身貴族，對於醫學研究非常有興趣。我發現小姐跟公爵姪子的關係已經是公開的祕密，還有，小姐每天都在等公爵的姪子來倫敦找她。我漸漸地暗示我認識那位爵位繼承人，得到她的信任之後，我為公爵姪子編了一些情史，然後對小姐暗示他是如何花天酒地。運用這樣的手法，小姐終於對我開口了。我微妙地傳達出對公爵繼承人的不滿，而且我假裝因為他不在倫敦，所以更加對他感到不滿。年輕的公爵繼承人被他的叔叔禁止來倫敦，而叔叔之所以會這麼做，正是因為我的指示。

兩個月過去了，我受邀到小姐位於梅費爾的家，主要是因為我假裝認識公爵繼承人，小姐覺得跟我比較親近。我知道克魯伯爵在施洛普郡有一間狩獵小屋，小姐就是在伯爵舉辦的狩獵派對上認識公爵繼承人的。之後小姐還私下暗示我，雖然那次是他們正式第一次見面，但是他們其實是在瑞士爬山的時候認識的，皇室成員要匿名旅行，就會去瑞士。我也得知，小姐因為愛玩橋牌賭博，輸了很多錢。

小姐欠了很多債這則資訊，可沒有那麼輕易就可以到手。為了得到這個消息，我先跟小姐的貼身女僕打交道。只要有機會，我就都會慷慨地給女僕小費。我想盡辦法為她做一些小事。有一次，我知道小姐不在家，但是我還是登門拜訪，假裝在小姐家等她回來。我問了女僕一些問題引導她，於是得知小姐快要沒有錢了。這點很適合繼續發展。

此後，只要小姐家要舉辦橋牌派對，我都會去。這些英國貴族小姐們賭注都下得很高，我很快地發現小姐很容易輸。有一天晚上，我很好運，小姐輸給了我。這種場合呢，是不會直接交換現金的，輸的人要寫一張「借據」給贏的人。我拿了她寫給我的借據，我也跟女僕打聽其他有小姐借據的人，透過別人間接跟他們買下小姐的借據。我把這些借據全部拿去給一個惡名昭彰的討債人，要他去幫我討債，但當然不能告訴小姐債主是我。我現在要贏得小姐的信任，當然不能自己去跟小姐要錢。於是討債人當天就去拜訪了小姐，那次之後，他就很常去「拜訪」，騷擾小姐，威脅小姐要採取法律行動，逼得她都快要精神崩潰了。而我精心安慰小姐，很快她就跟我坦白了，她煩躁地脫口說她欠了很多債，她的朋友也欠了很多債。這群人會負債一點都不令我意外。

此時是為小姐提供金援的最佳時機。我們討論了她錯綜複雜的情史，也討論過公爵繼承人。我一步一步地說服她，她是不可能嫁入梅克倫堡·什未林家的，但是因為她跟公爵繼承人的關係匪淺，兩人也已私訂終身，公爵應該要給她一點金援。跟小姐說這些話時我如履薄冰，因為小姐是一個有崇高情節的人，我小心斟酌字句，不能讓她覺得她如果向公爵家要錢，就是在勒索。我要為小姐說句公道話，如果小姐覺得她那樣是在勒索公爵的話，她一定寧願放棄這件事，直接退出這一季的社交界，也不會願意採用我的計畫。最後，我說：「有什麼東西是您可以拿來讓公爵家承認您，給您補償的嗎？」

她想了很久，突然跳起來，跑出房間，很快地帶著一疊信回來。我看到有一些上面印著大公國的家徽。公爵繼承人真是個蠢蛋，竟然這麼不小心！她激動搖晃那疊信，然後大聲說：「不知道法蘭的叔叔看到這些信會說什麼？我可以逼他娶我。」

機會來了。小姐生氣了，打鐵趁熱。我建議我們坐下好好從長計議。我先出擊，為了讓她覺得我對這一切瞭若指掌，我暗示小姐我其實跟一個德國皇室家庭有關係，在倫敦匿名幫他們辦事情。我從另一個角度來切入，我假裝我是站在小姐這邊，不是為梅克倫堡．什未林家效忠，但是因為我認識他們的作風，我可以幫助小姐擺脫難關。

我安慰小姐說：「真的是很令人遺憾，但是不要說合法的婚姻了，連跟公爵繼承人貴庶通婚都不可能。我覺得他們對您的態度非常不公平。而且就您對他的了解，您絕對是可以要求他們賠償。如果您去法庭提起訴訟的話，法庭也會判梅克倫堡．什未林家違信，罰他們賠償您，但是我理解您不會想要採取這樣的行動。這樣只會讓小姐古老而尊貴的家族名聲受到損害。」

感覺小姐已經被我說服了。

「那我該怎麼辦呢？」她問我。

我說：「我跟小姐是朋友，如果小姐願意讓我幫忙的話，我再榮幸不過了。我可以去跟現任公爵協商，我向小姐保證，他一定會公正地好好處理這件事。我了解這件事非常敏感，您需要一個男性來幫助您處理這件事。」

她搖了搖頭，緊張得用手指點著那疊信。

她說：「不行，我無法忍受，這件事我連想都不敢想。」

看來我需要加強力道說服她。於是我想出了我最精心設計的謊言，五分鐘之內，我就把公爵繼承人形容得極其放蕩，連唐璜都相形失色。

我說：「您自己想想吧，他應該要在本季過來倫敦跟您碰面。但是他卻沒有出現。您說他甚至沒有回您的信。事情就是這麼明白。小姐，他跟梅克倫堡．什未林家得到什麼懲罰都是活該。」

懲罰的說法奏效了。自尊受到傷害的女人，尤其是英國女人，是一種很可怕的生物。很快我就找藉口離開了。我回到住處後自己寫了兩封信給自己，署名假冒公爵的名字，內容是公爵家願意幫小姐還清債務。因為收件人是我，所以我等了一段合理的時間之後，才去梅費爾把信讀給小姐聽。小姐現在已經變得十分冷酷，全權允許我去做任何合適的安排。我於是前往公爵家在倫敦的銀行，然後告訴他們給我一萬五千英鎊。四天內我就拿到錢了。接下來的交易就沒什麼特別的了，小姐給了我所有的信件，我給他一萬五千英鎊。我知道現在小姐很常去旅行，日子過得很舒適，因為老公爵每年會給小姐一筆贍養費。我不知道她是否還會去卡爾頓露台吃草莓，但是恕我恭維一下自己，我想她現在會有這樣的好運，有一部分是因為她之前去卡爾頓露台的緣故。

葛雷夫醫生是如何完成任務的？

讀葛雷夫醫生的日記，真的是非常令人驚艷，這個人的行為分析知識還有心理學的技巧，比當時其他人超前了整整一世紀，運用這些技巧，他達成了任務。如果你有花時間去讀第一章，有關我們如何運用友誼公式來收編「海鷗」，讓他變成美國間諜，你就會發現 FBI 探員跟葛雷夫醫生運用的策略幾乎相同。

1.兩個案例中，靠近目標的過程都經過精心策畫，執行上也花了許多時間。FBI 探員跟葛雷夫醫生都運用了這本書裡寫的技巧，讓目標在第一次跟他們會面前就對他們有好感。

2.葛雷夫醫生運用了友誼公式，跟英國的這位小姐建立關係，FBI 探員查爾斯也是一樣。兩人都先跟目標拉近彼此距離，漸漸加強接觸頻率跟相處時間，再慢慢地開始製造互動強度，也就是好奇心誘餌，同時傳送更多肢體訊息。

3.這兩個案例裡，拉近彼此距離的原則都是讓目標不會感覺到威脅（見第一章）。在海鷗的案例裡，FBI 探員費盡心思在海鷗會路過的公眾場所出現，讓海鷗注意到他的存在。而葛雷夫醫生的案例也是一樣，他在馬道跟目標拉近彼此距離，在露台上也坐在目標習慣坐的位置附近。

4.接觸頻率跟相處時間，在兩個案例中都有運用到。FBI 探員故意在海鷗的採買路線上出現，漸漸增加了海鷗看到他的次數（接觸頻率），探員也透過跟著海鷗進到雜貨店裡，來延長兩人的相處時間。葛雷夫醫生則是透過騎馬經過英國小姐的身邊，還有在餐廳遇見小姐，來增強接觸頻率。葛雷夫醫生甚至在日記裡指出接觸頻率的力量，他說：「一張常常見到卻不認識的面孔，會吸引注意，我就是運用了這個潛意識理論。」。為了達到足夠的相處時間，他出席許多這位小姐出席的其他公眾場合，例如劇院以及音樂會等等。你花越多時間跟一個人相處（相處時間），你就越能影響他們的決定跟想法。

5.這兩個案例都運用肢體訊號以及好奇心誘餌來增強與目標的互動強度。這兩個陌生人如此頻繁地出現在身邊，引起了他們的好奇心。葛雷夫醫生的「草莓怪」稱號，就是他的好奇心誘餌。哪個人會一次吃五盤草莓，然後給服務人員這麼多小費？這個人是誰？他想幹嘛？就是這樣的好奇心讓海鷗跟英國小姐想要了解查爾斯（FBI探員）跟葛雷夫（德國間諜）到底是誰，目的是什麼。葛雷夫醫生說：「因為我有了『草莓怪』這樣的稱號（互動強度增加），我瞥眼看小姐的時候，她才會回看我，我們兩人都淺淺微笑。」當葛雷夫第一次被正式介紹給小姐認識的時候，她就傳送了一個友好訊號：撥頭髮（甩了甩頭），代表葛雷夫醫生在還沒開始跟小姐聊天前，就已經跟小姐建立了一定程度的關係。查爾斯跟葛雷夫都對自己運用的心理學原理很有信心，耐心等待成果。他們沒有太過躁進，相反地，他們讓關係自然地逐漸發展，就跟其他「正常」關係的發展方式一樣。

6.葛雷夫醫生跟探員都用了友好訊號，以免對方覺得受到威脅（見第一章），也因此跟目標第一次碰面時，目標沒有對他們起疑心。探員在海鷗習慣他的存在之前，都沒有靠近海鷗。葛雷夫醫生自己一人坐在餐廳裡，裝成沒有想要跟任何人互動認識的樣子，製造他不是威脅的一種假象。葛雷夫醫生也確保在小姐跟朋友們都已入座之後才進來，並且有引起她們的注意。

7.這兩個案例裡，有關目標的資訊都是從不同地方搜尋得到的。海鷗這個例子裡，探員是從FBI分析師這邊得到資訊；而葛雷夫醫生的例子裡，他則是讀了當地的報紙、社交新聞，去跟記者還有在馬廄工作的人打聽消息。這兩個案例的重要資訊，都是在暗地調查目標的想法、個性以及行為的動機，了解一些可以幫助跟目標建立共同點的事。葛雷夫醫生運用了引導的技巧（見第五章），來從目標身上得到機密資訊，卻沒有讓目標發現自己正在把機密洩露給別人。

8.葛雷夫醫生去卡爾頓露台，不只是為了要靠近目標，也是要跟目標建立起每天都去吃草莓這個共同點。

9.葛雷夫醫生運用心理學裡的錯認效應（見第四章），讓小姐喜歡他。騎馬跟其他運動一樣，會產生腦內啡，會讓我們感到開心。如果我們感到開心時，並沒有明顯的理由，我們就會把這樣開心的感覺錯認到附近的人身上。根據友誼的黃金守則，如果你要別人喜歡你，你就要讓他們感到開心滿意。葛雷夫醫生在還沒開始跟目標說話之前，就已經在跟目標培養感情了。

10.最後，葛雷夫醫生讓小姐覺得，是她自己想要用信換取她欠的債，不是葛雷夫醫生要她這麼做的。海鷗的例子裡，FBI探員只是種下了叛國種子，是海鷗自己替種子澆水栽培的。這就是行動真正獲得成功的跡象。

這兩個相隔一世紀的間諜故事，提醒我們人性是恆常一致的，只要你願意運用本書裡告訴你的技巧，就可以交到朋友，打開好人緣開關，讓人人都喜歡你。

附錄　「你觀察到什麼？」解答篇

照片一：這張照片裡的敵對訊號是女生在打呵欠。但是，這個訊號不一定代表女生覺得男生很無聊。你可以運用同理心句式來得知女方為何打哈欠。

照片二：這張照片裡的三個友誼訊號分別為：笑容、頭部傾斜、視線接觸。其他友誼訊號還有：開放的身體姿勢。

照片三：照片二裡沒有點出的額外友誼訊號是男生跟女生都採取「掌心向上」的姿勢。

照片四：兩人的動作沒有互相呼應，代表關係不佳。

照片五：女生身體前傾、微笑，表示對對方有興趣；但是男生把雙手抱胸，身體後傾，表示他對她沒有興趣。

照片六：男生微笑、身體前傾，表示對女生有興趣，女生用封閉的身體姿勢（雙手抱胸），還有懷疑的眼神，傳達對男生沒有興趣。

照片七：這張照片顯示良好關係的友好訊號是「整理儀容」（幫伴侶整理外觀）。在這張照片裡，女生正在幫男生拉好領子。

照片八：微笑、身體前傾及開放的身體姿勢，代表男生對女生很有興趣。可惜，女生的身體姿勢傳達出她對男生並沒有同樣的感覺。但是這樣的狀況下，你還是要觀察女生其他的肢體訊號，不要太早斷定她沒有興趣。

照片九：兩人之間的關係非常良好，線索有：兩人都非常熱情、身體位置都往內傾，並且保持開放、意思明顯的手勢（包括舉起大拇指的動作）、視線接觸延長、微笑。

照片十：乍看之下，男生好像是強勢，因為他伸手指著女生。但是注意他其實身體是往後傾的。（伸手指著別人的臉但身體卻又往後傾是矛盾的行為，如果你覺得自己是強勢，就不會伸手指別人卻又往後退。）女生則運用了雙手叉腰的姿勢（這是一個強勢的肢體訊號），以彌補男生比她高的優勢。女生傾斜頭部，露出頸動脈，代表她不怕對方。分析：由於男生身體往後傾，代表他勢力比較弱，女生的肢體訊號跟姿勢，代表她比較強勢，不會害怕男生。

如何讓人喜歡我

前 FBI 探員教你如何影響別人、營造魅力、贏得好感、開啟「好人緣開關」

The Like Switch: An Ex-FBI Agent's Guide to Influencing, Attracting, and Winning People Over

作者　傑克・謝弗 Jack Schafer；馬文・卡林斯 Marvin Karlins
譯者　王彥筑
責任編輯　廖芳婕
行銷企劃　高芸珮
封面設計　生形設計
版面構成　張凱揚

發行人　王榮文
出版發行　遠流出版事業股份有限公司
地址　臺北市南昌路 2 段 81 號 6 樓
客服電話　02-2392-6899
傳真　02-2392-6658
郵撥　0189456-1
著作權顧問　蕭雄淋律師

2016 年 04 月 01 日　初版一刷
2019 年 12 月 01 日　二版一刷
定價　新台幣 299 元（如有缺頁或破損，請寄回更換）

ISBN　978-957-32-8465-9
遠流博識網　http://www.ylib.com E-mail: ylib@ylib.com

國家圖書館出版品預行編目 (CIP) 資料

如何讓人喜歡我 / 傑克 . 謝弗 (Jack Schafer), 馬文 . 卡林斯 (Marvin Karlins) 著 ; 王彥筑譯 . -- 二版 . -- 臺北市 : 遠流 , 2019.12
面； 公分
譯自 : The Like Switch : an ex-FBI agent's guide to influencing, attracting, and winning people over
ISBN 978-957-32-8465-9(平裝)

1. 友誼 2. 人際關係

195.6　　108001305